THERESA
BAUMGÄRTNER

FRÜHLINGS ERWACHEN

Blütenzauber und Rezepte
aus dem Hazelnut House

Brandstätter

VON PUSTEBLUMEN UND HIMMELS-SCHLÜSSELN 08

Die Luft riecht nach Frühling und Ostern ist nah.

BARFUSS ÜBER WIESEN 116

Wir feiern den Frühling.

VORWORT

Die Sehnsucht nach Grün – am Ende des Winters bestimmt sie unsere Gedanken. Es wird allerhöchste Zeit, dem Frühling näherzukommen. Auf zwei Fensterbänken im Haus stelle ich kleine Aussaatkisten auf und lege die Samentüten wie Schätze auf den Tisch. Ich genieße es, die winzigen Samenkörner zwischen die Fingerspitzen zu nehmen und behutsam in die Erde zu legen. „Kleine Saisoneröffnung" nenne ich dieses erste gärtnerische Tun.

Der Frühling lässt sich jetzt nicht mehr aufhalten und wir freuen uns über jedes Zeichen von ihm. Das erste zarte Grün wird bestaunt, die erste Biene überschwänglich begrüßt, der erste Blumenduft beglückt aufgesogen – und dabei ist uns bewusst: Ohne die lange Winterpause könnten wir diese Glücksmomente so nicht empfinden.

Auf der großen Streuobstwiese, die sich an den Garten von Hazelnut House anschließt, wächst wilder Schnittlauch. Zwischen Gräsern und Moos stehen die grünen Büschel, die man leicht am feinen Zwiebelduft erkennen kann. Wir schneiden den Schnittlauch in feine Röllchen und streuen ihn über Rührei oder auf ein frisches Butterbrot. Das Frühlingsglück kann so einfach sein! Die erwachende Natur überrascht uns mit den schönsten Aromen für die Küche, wir müssen sie nur entdecken und kennenlernen. Bei der Suche nach Wildkräutern beginnen wir mit den Pflanzen, die uns vertraut sind: Gänseblümchen und Giersch, Brennnessel und Kerbel.

Langsam beginnt sich der Boden zu erwärmen. Auf den Hochbeeten wachsen Schnittsalate, Rucola und Radieschen. Im Wald finden wir junge Bärlauchblätter und duftende Märzveilchen. Das Osterfest ist nicht mehr weit und wir starten mit den Vorbereitungen. Die alten Backformen für die Osterlämmchen könnten viele Geschichten erzählen. Wir füllen sie mit süßem Biskuitteig nach Großmutters Rezept.

In dieser Zeit sind wir auch gern draußen unterwegs, packen uns Frühlingsproviant ein und picknicken mit den Kindern im Freien. Für sie ist die Natur eine herrliche Fundgrube. Unter jedem Stein und unter jeder Wurzel scheint ein neues Abenteuer zu schlummern. Aus gelben Löwenzahnblüten basteln sie Löwengesichter. Die großen Blätter vom Rhabarber tragen sie lachend als Regenschirme davon.

Nach und nach werden die Tage länger und die Wiesen bunter. Weiß und duftig blüht der Wiesenkerbel und bewegt sich sanft im Wind. Schwalben fliegen tief über die Felder hinweg. Die maigrüne Landschaft scheint zu tanzen und wir tanzen gern mit. Wir feiern ein Maifest mit Freunden auf der Wiese und genießen dazu himmlisch leichte Spargelgerichte. Die Natur öffnet uns eine Festbühne nach der anderen. In der Rosenzeit gibt es kaum etwas Schöneres als eine stimmungsvolle Teestunde draußen im Garten. Und wenn die Zeit der Sonnenwende kommt, binden wir gemeinsam Blumenkränze aus Feldblumen und feiern ein Mittsommerfest. Welch ein besonderes Geschenk ist diese Jahreszeit!

Ich wünsche allen viel Freude in ihrer Frühlingsküche und eine wundervolle Zeit in der erwachenden Natur.

Theresa

THERESAS FRÜHLINGSSTIMMUNG

Die Playlist zum Buch ist ein Geschenk an alle zum Einstimmen auf den Frühling.

https://open.spotify.com/user/theresaskueche

EINLADUNG ZUR TEA-PARTY

Die Vorlage kann unter folgendem Link heruntergeladen und ausgedruckt werden:

www.hazelnut-house.com/books/frühlingserwachen

EINLADUNG

FÜR

AM

DIE LUFT RIECHT NACH FRÜHLING
UND OSTERN IST NAH.

VON
PUSTEBLUMEN UND HIMMELSSCHLÜSSELN

GROSSE SCHNEEGLÖCKCHEN LIEBE

„Ein Sonnenstrahl hat mich wach gezupft und
mir die Augen frech mit hellem Gold betupft.
Der Tag ist da, der neue Tag ist mein. Ich geh.
Ich geh in diesen Tag hinein."

Es ist die Autorin Viktoria Ruika-Franz, die mit diesen poetischen Zeilen den Tag begrüßt. Vielleicht einen ganz besonderen Tag. Einen Sonntag im nahenden Frühling. Einen Morgen wie diesen. Weich fällt das Licht ins Zimmer. Die sich bewegenden Bäume vor dem Fenster werfen Muster an die Wand, flirrend wie ein Kaleidoskop. Unten in der Küche ist es noch kühl. Ich knöpfe die Strickjacke weiter zu und genieße den Duft von frisch aufgebrühtem Kaffee.

Der Blick schweift nach draußen über die weite Landschaft. Das tiefer gelegene Tal ruht noch schläfrig unter einer weißen Nebeldecke. Gestern haben die Kinder im Garten von Hazelnut House tatsächlich die ersten Schneeglöckchen entdeckt. Rotwangig und mit aufgeregten Stimmen haben sie von ihrem Fund berichtet. Ich möge ganz schnell mitkommen, riefen sie, und im nächsten Augenblick eilten wir schon gemeinsam nach draußen in den Garten. An geschützter Stelle in der Nähe des Küchengartens, zwischen grünem Moos und kastanienbraunem Laub, fanden wir sie. Ein dichtes, zusammengedrängtes Büschel von anmutigen weißen Glöckchen.

Die milden Temperaturen der vergangenen Regentage mussten sie hervorgelockt haben. „Viel zu früh, viel zu riskant", möchte man den grazilen Schönheiten zurufen. Doch ein Zurück gibt es nicht. „Die Schneeglöckchen ohne Furcht vor der grimmigen Kälte spitzen fleißig nach oben", schrieb der Dichter Wilhelm Busch und fügte hinzu: „Das Frühlingstheater wäre also auch wieder mal eröffnet".

Und welch ein Theater! Schauen wir uns die berühmte Gartenbühne in England an. Dort hat sich in den letzten Jahrzehnten unter den Liebhabern eine regelrechte Sammelleidenschaft für Schneeglöckchen entwickelt. Dort ist es nichts Ungewöhnliches, für einzelne seltene Exemplare tief ins gärtnerische Portemonnaie zu greifen.

„Let's go Snowdropping" – „Lasst uns Schneeglöckchen anschauen"! Mit diesem euphorischen Aufruf wird in den englischen Gärten die Saison eröffnet. Zum Erkunden empfehlen sich Orte wie Anglesey Park in Cambridgeshire. In diesem Park von Lord Fairhaven, inzwischen im Besitz des National Trust, sind allein 200 Schneeglöckchenvarietäten zu bestaunen. Eine ziemlich weite Reise allerdings, nur der Schneeglöckchen wegen. Das sollten wir wohl eher den passionierten Sammlerherzen zugestehen. In meinem Gartentagebuch habe ich dafür schon tröstliche Alternativen notiert: Anfang Februar finden alljährlich auch hierzulande „Schneeglöckchentage" nach englischem Vorbild statt. Hier sei vor allem das Kloster Knechtsteden bei Dormagen erwähnt, wo Züchter aus ganz Europa ihr Sortiment präsentieren.

Das Sammeln von einzelnen Pflanzensorten hat für mich keine Bedeutung – es geht mir vielmehr um die Gestaltung von natürlich anmutenden, großzügigen Pflanzenbildern. Beim Gestalten dieser Bilder hilft ein entscheidender Hinweis aus der Praxis, den schon die Gärtnerinnen und Gärtner in der viktorianischen Zeit kannten: Schneeglöckchen werden „in the green" verpflanzt, kurz nach der Blüte. Viele Zwiebeln samt Grün sind auf diese Weise aus dem Bauerngarten meiner Großmutter nach Luxemburg umgezogen. Inzwischen sind die Horste so groß geworden, dass ich sie erneut teilen und neue Flächen damit anlegen kann. Ganz im Sinne von Gertrude Jekyll, der berühmten Gärtnerin von Sissinghurst in der englischen Grafschaft Kent. Ihr Credo lautete: „Ach, ich liebe die Großzügigkeit. Je üppiger die Blumenbilder, desto besser".

SCHNEEGLÖCKCHEN-ETAGERE

Ein Büschel Schneeglöckchen mitsamt den Zwiebeln vorsichtig ausgraben. Die Zwiebeln in einen Mantel aus feuchtem Moos einhüllen und diesen mit Floristendraht fixieren. Zuletzt dünne Zweige vom Weidenkätzchen um den Moosmantel legen und die Enden jeweils verschlingen. Das Bouquet auf eine Etagere setzen, nach Bedarf etwas gießen. Nach dem Verblühen wieder in den Garten pflanzen.

Narzisse
Rose of May
Tulpe
White Triumphator

BOTEN DES FRÜHLINGS

Der Frühling öffnet uns weit die Türen nach draußen. Die Luft ist klar und riecht nach feuchtem Gras. Ich entdecke in der Nähe der wilden Schlehenhecke einen sonnenwarmen Platz, schließe die Augen, lausche dem Summen der Bienen und dem Gesang der Vögel. Bald wird diese Stelle einer der schönsten Logenplätze sein, um das Blühspektakel auf der Streuobstwiese zu genießen. Noch ist es nicht soweit, aber erstes hervorquellendes Grün deutet die kommende Pracht schon an.

Im Herbst haben wir in einem nicht enden wollenden Pflanzmarathon unzählige Narzissenzwiebeln in das lehmige Erdreich gepflanzt. Es war eine arbeitsintensive Prozedur, die sich über einige Tage hinzog. Aber es war gleichsam so, als würden wir ein geheimes Frühlingsfeuerwerk planen und das spornte uns an. Die Wiese wird sich also bald verwandeln. Und welche Schönheiten dürfen wir erwarten? Allen voran wird es die anmutige Sorte ‚February Silver' sein. Ihre Blüte ist elfenbeinweiß mit einer Trompete in zartem Gelb. Ein weiterer unserer Lieblinge ist die Sorte ‚Thalia'. Sie beeindruckt mit mehreren stark duftenden cremeweißen Blüten. Dazu gesellen sich ein wenig später die Sorte ‚Rose of May' und die historische Pfauenauge-Narzisse, die eine Varietät der weißen Dichternarzisse, der Narcissus poeticus, ist. Übrigens: Wühlmäuse, von denen es im Garten von Hazelnut House einige gibt, meiden die Narzissenzwiebeln aufgrund der für sie giftigen Alkaloide. Einmal gepflanzt, dürfen wir das Narzissenmärchen also jedes Jahr erneut erwarten. Wichtig dafür ist es, zwei Tipps zu beherzigen: Die Blätter möglichst lange stehen lassen, bis sie vergilben und die verwelkten Blütenstängel entfernen, damit die Pflanze ihre Energie nicht in die Ausbildung von Samen lenkt, sondern die Nährstoffe in der Zwiebel bleiben.

Im großen Staudenbeet sind es nicht Narzissen, sondern die später blühenden Lilientulpen der Sorte ‚White Triumphator', die alle Blicke auf sich ziehen. Ihre Stängel stehen nicht gerade, sondern sind leicht geschwungen, so, als würden sie im Wind tanzen. Und die Form ihrer weißen Blüten ist an Eleganz kaum zu übertreffen. Eine Tulpe also, die mich stets ins Schwärmen bringt. Im Vergleich zur Narzisse vermehrt sie sich allerdings kaum. Ich muss das Beet also hin und wieder neu mit Tulpenzwiebeln bestücken.

Sehr viel verlässlicher sind Fritillarien, die zur Familie der Liliengewächse gehören. „Kaiserkron und Päonienrot, die müssen verzaubert sein", schrieb Joseph von Eichendorff in seinem Gedicht vom alten Garten. Die hohe Kaiserkrone Fritillaria imperialis hat in den traditionellen Bauerngärten schon lange ihren Platz. Der leuchtende Orangeton ihrer Blüten will allerdings farblich passend eingefügt sein – das gelingt mit der persischen Kaiserkrone Fritillaria raddeana sehr viel leichter. Sie zählt mit der weiteren Sorte Fritillaria ‚Ivory Bells' zu meinen absoluten Favoriten. Ihr etwa 90 Zentimeter hoher Blütenstängel ist mit elfenbeinfarbenen, duftenden Glöckchen besetzt. Ich kombiniere sie mit Himmelsschlüsseln – Primula veris – in zartem Schwefelgelb. Als geschützte Wildblume ist diese auf den Bergwiesen zu Hause. Sie wird auch Apotheker-Schlüsselblume genannt, da sie als alte Heilpflanze bei Erkältungskrankheiten Verwendung findet. Leider ist sie als Gartenpflanze viel zu selten anzutreffen. Es liegt daran, dass im Frühling überall vor allem die auffällig bunten Primelzüchtungen angeboten werden. Aber vielleicht kehrt die Schlüsselblume doch zurück, denn sie ist eine Freude.

Im Frühling pflanze ich ein paar der schönsten Exemplare in Tontöpfe und stecke etwas Moos drumherum – fertig ist der schönste Tischschmuck! In der Küche verwende ich ihre zarten Blüten sehr gern zum Dekorieren von feinen Desserts.

FRÜHLINGSBOUQUET

Im Frühling lassen sich die ersten zauberhaften Arrangements aus dem Garten zusammenstellen. Ausgestattet mit einer Schere und einem Drahtkorb begebe ich mich auf den Streifzug. Ich empfehle, die Blüten morgens zu schneiden, so bleiben sie besonders lange frisch. Eine schöne Kombination sind zum Beispiel weißer Flieder, die Narzissen ‚Thalia' und ‚Poeticus', die langen Stiele der Fritillaria ‚Ivory Bells', die Tulpe ‚White Triumphator' sowie die Frühlingstriebe des Ahornbaums. Wundervoll zart sind auch die Blüten der Felsenbirne.

Das Anordnen der einzelnen Blüten hat für mich etwas Meditatives, ich empfinde eine große Wertschätzung jeder Pflanze gegenüber.

1. Als Basis für das Blumenbouquet benutze ich ein stabiles Gefäß und ein Stück Hasendraht. Ideal sind große Suppenterrinen, wie man sie noch auf dem Flohmarkt findet. Die Fläche des Drahtes sollte ungefähr dreimal so groß wie die Öffnung der Terrine sein.

2. Den Draht so zusammendrücken, dass er die Schüssel ausfüllt und an der Oberfläche flach abschließt. Die Terrine mit Wasser füllen.

3. Zunächst die Blüten nach Form und Farbe sortieren. Falls notwendig, abstehende Blätter oder störende Äste mit der Schere entfernen. Während der Gestaltung die Länge der Pflanzen nach Wunsch einkürzen. Die Enden der Stängel dabei schräg anschneiden, damit die Pflanzen sich länger halten. Ich beginne meist mit den längsten Blütenzweigen in der Mitte und fülle danach mit kürzeren, zarten Blütenstängeln auf. Das Drahtgitter sorgt ähnlich wie bei einer Ikebanavase dafür, dass jeder Zweig stabil in der gewünschten Position stehenbleibt.

SCHLÜSSEL-BLUMENLAND

VON GEORG BRITTING (1891–1964)

Ach, die Wiesen! Seht die Wiesen!
Seht, die Wiesen werden wieder grün
Und die gelben Schlüsselblumen blühn!

Der Teich glänzt schwarz und unbewegt und klar.
Die Weide steht im Flatterhaar.
Am Himmel segelt, selig leise,
Schnelle Reise,
Eine weiße Wolkenschar.

Zwischen Knospen, in den Zweigen
Des Holunders singt die Meise.
Wandelnd auf den feuchten Steigen
Junge Männer, mit dem Hute in der Hand,
Und durch Mädchenzöpfe flicht sich manch
ein rot und blaues Band.

Wolken gehen, und die Mädchenkleider wehen
Schattenwerfend übers Schlüsselblumenland.

♀ (Pieris Brassicae), 1a. Raupe. 2. Aurorafalter ♂ (Anthocharis Cardamines), 2a. ♀.

FRÜHLINGSHAFTE SCHMETTERLINGE

ZUTATEN FÜR 30-40 PLÄTZCHEN

250 g	Dinkelmehl, Type 630
75 g	Puderzucker
	abgeriebene Schale von
1/2	unbehandelten Zitrone
1 Prise	Meersalz
175 g	kalte Butter
1	Ei

ZUM VERZIEREN

50 g	gesiebter Puderzucker
4 TL	Zitronensaft
	essbare Blüten (siehe Seite 33)
	Backpapier für das Backblech
etwas	Dinkelmehl für die Arbeitsfläche
	Schmetterlingsausstechformen

Das Mehl, den Puderzucker, die Zitronenschale und das Salz in eine Schüssel geben. Die Butter in Würfel schneiden, hinzufügen und alles rasch mit der Hand vermengen, bis Streusel entstehen. Das Ei verquirlen, 30 g davon dazugeben (den Rest anderweitig verwenden) und alles zu einem geschmeidigen Teig verkneten. Den Teig 30 Minuten kühl stellen.

Ein Backblech mit Backpapier auslegen. Eine Arbeitsfläche leicht mit Mehl bestäuben. Den Teig halbieren. Die erste Hälfte 3 mm dick ausrollen. Zwischendurch mit einer Palette unter die Teigplatte fahren, um zu verhindern, dass der Teig an der Arbeitsfläche haften bleibt. Mit den Ausstechförmchen Schmetterlinge ausstechen, auf das Backblech setzten und 15 Minuten kühl stellen. Mit der zweiten Teighälfte genauso verfahren.

In der Zwischenzeit den Backofen auf 160 °C (Umluft) vorheizen. Das Buttergebäck 13-15 Minuten im heißen Ofen backen, bis es leicht gebräunt ist. Die Plätzchen auf ein Kuchengitter setzen und auskühlen lassen. Den Puderzucker mit dem Zitronensaft verrühren und das Gebäck mit dem Guss bestreichen. Mit den Blüten verzieren.

Schmetterlinge ohne essbare Blüten bleiben in einer Dose verpackt mindestens zwei Wochen frisch.

SCHLÜSSELBLUMENTEE

Für einen Frühlingstee 1 TL frische Schlüsselblumenblüten in eine Tasse geben und mit kochendem Wasser übergießen. Etwa 5 Minuten ziehen lassen, danach die Blüten absieben. Nach Belieben mit Honig süßen.

ZITRONEN-WILDKRÄUTER-BUTTER

ZUTATEN

150 g	weiche Butter (Zimmertemperatur)
	abgeriebene Schale von
1	unbehandelten Zitrone
2 TL	Zitronensaft
1 gr. Prise	Meersalz
50 g	Crème fraîche
20 g	Wildkräuter, z. B. Löwenzahn, Giersch, Gundermann, Schafgarbe, Pimpinelle, Spitzwegerich, Oregano, Vogelmiere, Wiesen-Sauerampfer
10 g	essbare Blüten, z. B. Veilchen, Gänseblümchen, Taubnessel
2 Blatt	Backpapier

Die Butter mit der Zitronenschale, dem Zitronensaft, dem Meersalz und der Crème fraîche zu einer gleichmäßigen Masse verrühren.

Die Kräuter waschen, trocken schütteln, fein hacken und unter die Butter rühren. Die Butter auf ein Backpapier legen und mithilfe des Papiers zu einer 4 cm dicken Rolle formen.

Die Blüten von den Stängeln zupfen und auf einem weiteren Backpapier verteilen. Die Butter auswickeln und in den essbaren Blüten wälzen. Wieder in das Papier wickeln und 1 Stunde kühlen.

Zu einem frischen Baguette oder frischem Brot schmeckt die Butter herrlich.

Übrig gebliebene Wildkräuterbutter kann prima eingefroren und beim nächsten Fest serviert werden!

WILDKRÄUTER

ERKENNEN, SAMMELN, GENIESSEN

LÖWENZAHN

(Taraxacum)

Die gezackten hellgrünen Blätter schmecken leicht bitter. Sie passen wunderbar in gemischte Wildkräutersalate. Aus den Knospen der gelben Blüten stelle ich Kapern her.

SPITZ- UND BREITWEGERICH

(Plantago lanceolata und Plantago major)

Schon der Name lässt uns an Hustenbonbons denken. Auf der Wiese finden wir Breitwegerich mit rundlichen Blättern und Spitzwegerich mit schmalen langen Blättern. Spitzwegerich ist milder im Geschmack und passt in Kräuterbutter, Quark und Salate.

SCHAFGARBE

(Achillea)

Sie ist eine willkommene Pflanze im Wildkräutergarten. Ähnlich wie Kamille besitzt sie reichlich ätherische Öle. Die schmalen gefiederten Blätter lassen sich als Wildgemüse und für Kräutersaucen verwenden.

GIERSCH

(Aegopodium podagraria)

Im Garten kann sich Giersch stark ausbreiten, also ernten wir im Frühling reichlich davon. Die jungen, glatten Blätter können genauso wie Spinat zubereitet werden und eignen sich für Salat und Smoothies.

PIMPINELLE

(Sanguisorba minor)

Dieses Kraut mit dem zauberhaften Namen hat ein frisches, nussiges Aroma und einen sehr angenehmen Kräuterduft. Ich verwende Pimpinelle am liebsten roh in Saucen und Salaten.

WIESEN-SAUERAMPFER

(Rumex acetosa)

Die Blätter haben einen sehr typischen, erfrischend säuerliche Geschmack. Ähnlich wie beim Rhabarber enthalten die Blätter reichlich Oxalsäure und sollten deshalb vor allem im Frühling verwendet werden. Wiesen-Sauerampfer gehört zu den klassischen Kräutern in der grünen Sauce.

BRENNNESSEL

(Urtica dioica)

Die jungen, zarten Brennnesseln im Frühling gelten als Geheimtipp. Sie lassen sich wie Spinat verwenden und durch ihren Gehalt an Vitaminen und Mineralstoffen sind sie sehr gesund.

WILDER SCHNITTLAUCH

(Allium schoenoprasum)

Er ist einer meiner Favoriten auf der Frühlingswiese. Wie dünne, dunkelgrüne Strohhalme sehen die Blätter aus. Im Vergleich zum Gartenschnittlauch ist die wilde Form schärfer im Geschmack und hat eine festere Struktur.

ESSBARE BLÜTEN

PFLÜCKEN, DEKORIEREN, KANDIEREN

SCHLÜSSELBLUME

(Primula veris)

Die zarten gelben Blüten verwende ich besonders gern zum Schmücken von Desserts. Die Schlüsselblumen blühen von März bis in den Mai im Garten und sind in der Natur geschützt.

DUFTVEILCHEN

(Viola odorata)

Das beliebte Märzveilchen schenkt uns im Frühjahr die ersten wunderschönen Blüten für die Küche. Sie lassen sich gut kandieren und sehen mit der zarten Zuckerkruste besonders ansprechend aus. In den Gärten sind hin und wieder auch Veilchen mit weißen Blüten zu finden.

ROSE

(Rosa)

Für mich sind sie die schönsten Blüten zum Dekorieren von romantischen Torten! Besonders süßlich im Geschmack sind die Blütenblätter der Damaszenerrosen, der Zentifolien und der Wildrosen.

PURPURROTE TAUBNESSEL

(Lamium purpureum)

Die zarten Lippenblüten der Taubnessel sollten wir uns einmal ganz aus der Nähe ansehen, denn sie sind wunderschön. Das süßliche Aroma und die besondere Farbe passen perfekt zu Desserts. Die Blätter der Pflanze ähneln der Brennnessel, brennen jedoch nicht.

GÄNSEBLÜMCHEN

(Bellis perennis)

Es wird auch Tausendschönchen genannt und blüht ganzjährig auf der Wiese. Die weißen Blüten schmecken wunderbar im Salat oder in kandierter Form auf Torten und Kuchen.

WIESENKLEE

(Trifolium pratense)

Wir finden ihn auf nährstoffreichen, sonnigen Wiesen. Für Salat werden die einzelnen, süßlich schmeckenden Blüten ausgezupft. Für Tee können die ganzen Blütenköpfe frisch oder getrocknet mit kochendem Wasser aufgegossen werden.

RINGELBLUME

(Calendula officinalis)

Was wäre ein Küchengarten ohne die leuchtenden, orangefarbenen Blütenköpfe der Ringelblumen. Wenn ich eine Mischung aus unterschiedlichen Salaten ernte, pflücke ich immer auch ein paar Ringelblumenblüten.

KORNBLUME

(Centaurea cyanus)

Das Kornblumenblau der Blüten ist einzigartig. Es gibt aber auch Züchtungen für den Garten in Rosa, Lila und Dunkelrot. Die einzelnen Blütenblätter sorgen für bunte Farbtupfer in der Küche.

MORGENS SEND ICH DIR DIE VEILCHEN

HEINRICH HEINE (1797–1856)

Morgens send ich dir die Veilchen,
Die ich früh im Wald gefunden,
Und des Abends bring ich Rosen,
Die ich brach in Dämmrungstunden.

Weißt du, was die hübschen Blumen
Dir Verblümtes sagen möchten?
Treu sein sollst du mir am Tage
Und mich lieben in den Nächten.

VEILCHENZEIT

Viola odorata, das „Wohlriechende Veilchen", blüht jetzt an den moosigen Wegrändern und am sonnigen Waldrand. Ich habe einen Strauß gepflückt und ins Haus geholt. Die kleinste Vase aus dem Sortiment ist genau richtig für die grazilen Stängel. Der Duft der Blüten ist süß wie ein Parfüm. Tee trinkend und mit einem Stapel Bücher aus der Gartenbibliothek eingedeckt, lasse ich mich augenblicklich von den Geschichten der Veilchen verzaubern.

Schon in der Antike wurde diese Frühlingsblume verehrt, sogar ausschließliche Veilchengärten waren beliebt. „Still für sich, doch für mich", schrieb Rilke über das Veilchen. Das Veilchen galt in der Blumensprache stets als Symbol für Bescheidenheit und für Treue. Im 18. und 19. Jahrhundert war es noch ein beliebtes gesellschaftliches Spiel, sich mit Blumen verschlüsselte Botschaften zu schicken. Kleine Bouquets mit Veilchen wurden überall auf den Straßen zum Verkauf angeboten. Und ein Flacon mit Veilchenparfüm galt als kostbarstes Geschenk. „Violetta di Parma" ist bis heute der Klassiker unter den Veilchendüften. Ludovico Borsari kreierte dieses Parfüm im Jahr 1870 zu Ehren der Herzogin von Parma.

In der europäischen Aristokratie zog das Veilchen auch in die Küche ein. Sissi, die Kaiserin von Österreich, soll eine Vorliebe für Veilchensorbet gehabt haben. Und in kandierter Form werden die Blüten bis heute in hübschen Schachteln beim Hofzuckerbäcker Dehmel in Wien angeboten.

Egal in welcher Form – Veilchen sind einfach zum Niederknien schön, nicht wahr? Also beugen wir uns tief hinunter, um sie zu bestaunen. Auf der Wiese hinter dem Haus blüht sogar das Weiße Veilchen, eine Seltenheit. Goethe, der ein großer Veilchenliebhaber war, wäre entzückt.

KANDIERTE BLÜTEN

Mit einem Pinsel die einzelnen Blütenblätter der essbaren Blüten von beiden Seiten vorsichtig mit Eiweiß bestreichen und mit feinem Kristallzucker berieseln. Danach auf einem möglichst filigranen Gitter an der Luft trocknen lassen. Kandierte Blüten trocken und am besten auf Seidenpapier in Schachteln lagern.

MÖHREN-MANDEL-TORTE

MIT VEILCHENBLÜTEN

Den Backofen auf 180 °C (Umluft) vorheizen. Den Boden der Springform mit Backpapier auslegen und dieses in den Rand klemmen. Den Rand mit Butter einfetten und mit Mehl bestäuben. Die Möhren waschen, schälen, die Enden abschneiden und die Möhren fein raspeln. Die Eier trennen. Das Eiweiß mit 2 EL Zucker und dem Salz steif schlagen. Das Eigelb mit 2 EL Wasser verquirlen und mit dem restlichen Zucker schaumig schlagen.

Das Mehl mit dem Backpulver sieben und mit den Mandeln vermengen. Die geraspelten Möhren etwas ausdrücken. Die Mehl-Mandel-Mischung, die Möhren und den Orangenlikör unter die Eigelbmasse rühren. Den Eischnee vorsichtig unterheben. Den Biskuitteig in die Springform füllen, glatt streichen und im heißen Ofen 35-40 Minuten backen. Anschließend auf einem Kuchengitter abkühlen lassen und mit einem Messer die Springform vorsichtig vom Biskuitboden lösen.

Für die Buttercreme die Vanilleschote längs aufschneiden und das Mark herauskratzen. 400 ml Milch in einen Topf geben und mit dem Vanillemark und der Schote unter Rühren aufkochen. Den Rest der Milch mit der Stärke, dem Zucker und dem Eigelb verquirlen. 2-3 EL der heißen Milch in die Stärke-Ei-Masse rühren, danach alles zurück in die Milch im Topf geben. Bei mittlerer Hitze unter ständigem Rühren die entstehende Creme aufkochen lassen und dann durch ein Sieb passieren. Mit etwas Zucker bestreuen und abdecken.

Die Butter schaumig schlagen. Die abgekühlte Vanillecreme unter Rühren löffelweise dazugeben. Den Biskuitboden mit einem Sägemesser waagerecht in drei Schichten schneiden. Den unteren Boden mit 1 EL Orangenlikör beträufeln und mit 1/3 der Creme bestreichen. Den zweiten Boden daraufsetzen, ebenfalls 1 EL Orangenlikör darübertröpfeln und wieder mit 1/3 der Vanillecreme bedecken. Den dritten Boden auflegen und die Torte mit der restlichen Buttercreme gleichmäßig einstreichen. Zum Schluss mit Hornveilchenblüten verzieren.

ZUTATEN
FÜR EINE TORTE (Ø 22 CM)

FÜR DEN BISKUITBODEN

180 g Möhren
4 Eier
130 g feiner heller Rohrohrzucker
1 Prise Meersalz
60 g Dinkelmehl, Type 630
1 gestr. TL Weinsteinbackpulver
200 g gemahlene Mandeln
2 EL Orangenlikör

FÜR DIE BUTTERCREME

1 Vanilleschote
500 ml Milch
30 g Speisestärke
2 EL heller Rohrohrzucker
1 Eigelb
250 g weiche Butter (Zimmertemperatur)

ZUM BETRÄUFELN

2 EL Orangenlikör

ZUM VERZIEREN

einige Hornveilchenblüten

Backpapier für die Form
etwas Butter und Mehl für die Form

VORFREUDE

OSTERN IST NAH

Eine Mischung aus Vorfreude und Geschäftigkeit bestimmt gerade die Tage. An Palmsonntag beginnen wir mit den Vorbereitungen für das Osterfest. Lange Einkaufslisten liegen bereit, der österliche Lammbraten ist vorbestellt. Die ersten Gäste reisen bereits am Gründonnerstag an.

Als ich mit einem Arm voller Kirschzweige hereinkomme, höre ich schon Geplauder und Lachen durch das Haus tönen. Zu Ostern trifft sich die Familie und das hat bei uns eine lange Tradition. Im kühlen gewölbten Keller von Hazelnut House lagern die gesammelten Eier unserer bunten Hühnerschar. Die Kinder machen sich ein Spiel daraus, sie regelmäßig durchzuzählen. Werden sie wohl reichen für die Osterbäckerei und das Färben? Hoffentlich!

Die Bräuche zum Osterfest variieren je nach Region. In Norddeutschland werden große Osterfeuer vorbereitet. In Schwaben und Franken kennt man die Tradition der österlichen Brunnen, die prächtig mit Zweigen und kunstvollen Ostereiern geschmückt sind. Im Badischen und im Elsass wiederum ist es üblich, zu Ostern süße Lämmer aus Biskuitteig zu backen – so auch bei uns, denn unsere liebsten Rituale sind geprägt durch meine badische Großmutter!

Es ist stets ein besonderer Augenblick, wenn sie die Backformen aus dem Schrank holt. Die ältesten Formen sind aus gebranntem elsässischem Ton, neuere aus Schwarzblech. Mit Hingabe rührt meine Oma den luftigen Teig. Richtig spannend wird es nach dem Backen, wenn die Lämmer aus den Formen gelöst werden. Jedes Mal ist es ein Glücksmoment! „Morgen früh knete ich noch einen Hefeteig, der frisch gebackene Osterzopf zum Frühstück gehört doch dazu", sagt sie freudig entschlossen. Ich nicke ihr zu und bewundere sie still.

Auf dem Herd ist das gleichmäßig polternde Geräusch der Eier zu hören, die in den unterschiedlichen Farbtöpfen kochen. Morgen, am Ostersonntag, werden die Kinder nach der Messe johlend losziehen. Auf der Wiese hinter dem Haus gibt es geheime Verstecke aus Moos und Wurzeln, die sich das kluge Langohr für sie ausgedacht hat. Im letzten Jahr steckte sogar ein Osterei im Mauseloch der Feldmaus.

BRIOCHE-HÄSCHEN

ZUTATEN FÜR 8 STÜCK

450 g	Dinkelmehl, Type 630
5 g	Meersalz
15 g	heller Rohrohrzucker
10 g	frische Hefe
70 ml	lauwarme Milch
4	Eier
100 g	weiche Butter (Zimmertemperatur)

ZUM BESTREICHEN

1	Eigelb
1 EL	Milch

ZUM DEKORIEREN

8	Rosinen
	Backpapier für das Backblech
etwas	Dinkelmehl für die Arbeitsfläche

Das Mehl, das Salz und den Zucker in eine Schüssel geben und gut vermischen. In die Mitte eine kleine Mulde drücken. Die Hefe in der Milch auflösen und in die Mulde gießen. Die Rührschüssel mit einem Tuch abdecken und den Vorteig 15 Minuten an einem warmen Ort gehen lassen. Danach die Eier und die Butter hinzufügen und alles mit der Hand oder dem Knethaken in einer Küchenmaschine zu einem geschmeidigen Teig verkneten. Die Schüssel wieder abdecken und den Briocheteig mindestens 2 Stunden gehen lassen. Nach 1 Stunde den Teig „falten": Dafür den Teig mit feuchten Händen von hinten hochziehen und nach vorn klappen. Die Schlüssel dreimal jeweils um 90 Grad drehen und den Vorgang jedes Mal wiederholen. Durch das Falten bekommt das Gebäck eine schöne Struktur. Den Teig 1 weitere Stunde gehen lassen.

Ein Backblech mit Backpapier auslegen. Den Teig auf einer leicht bemehlten Arbeitsfläche zu einem Rechteck von ca. 20 x 7 cm ausrollen. Dann von der langen Seite mit einem scharfen Messer acht ca. 2,5 cm breite Streife abschneiden. Aus diesen kleinen Rechtecken (7 x 2,5 cm) Häschen formen (siehe Anleitung) und diese auf das Backblech legen. Mit einem Tuch bedecken und noch einmal 20 Minuten gehen lassen. In der Zwischenzeit den Backofen auf 180 °C (Umluft) vorheizen. Das Eigelb mit der Milch verquirlen, die Brioche-Häschen damit bestreichen und 12-15 Minuten im heißen Ofen goldbraun backen. Nach dem Backen auf einem Kuchengitter auskühlen lassen.

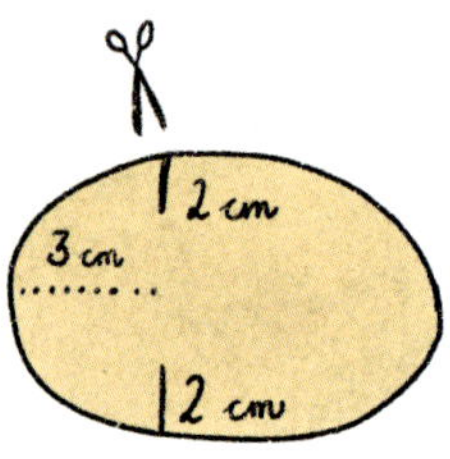

1. Ein Teigstück zu einem Oval formen. 3 cm vom linken Rand jeweils oben und unten 2 cm einschneiden.

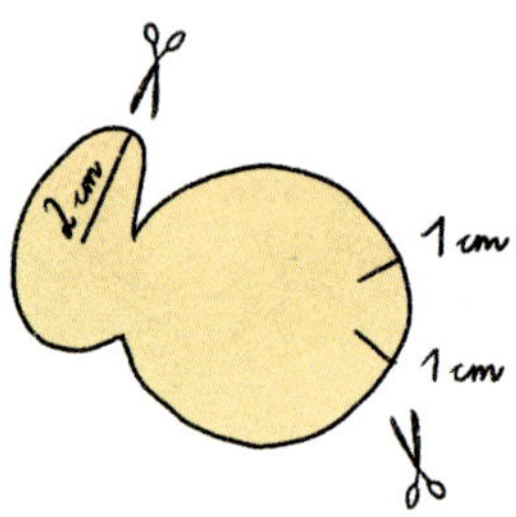

2. Aus den Teilen einen Kopf bzw. Bauch formen. Den Kopf schräg oben einschneiden und daraus die Ohren formen. Am Hinterteil zweimal jeweils 1 cm einschneiden und das Schwänzchen formen.

3. Eine Rosine als Auge in den Teig drücken.

FRISCHES BAUERNBROT

MIT EIERSALAT

Die Gewürze ohne Öl in eine Pfanne geben und auf mittlerer Hitze erwärmen, bis sie anfangen, aromatisch zu duften. Danach auf einem Teller abkühlen lassen und in einem Mörser fein mahlen. Beide Mehlsorten in eine Schüssel geben und eine Mulde hineindrücken. Die Hefe hineinbröckeln und mit dem lauwarmen Wasser und dem Joghurt vermengen. Das Salz, den Honig sowie die angerösteten Gewürze hinzufügen und alles mit den Händen oder in der Küchenmaschine zu einem geschmeidigen, glatten Teig verkneten. Mit einem Tuch abdecken und an einem warmen Ort 15 Minuten gehen lassen. Anschließend den Teig auf einer bemehlten Arbeitsfläche zu einem Laib formen. Diesen in ein bemehltes Gärkörbchen geben, abdecken und erneut 1 1/2 Stunden ruhen lassen.

Den Backofen auf 200 °C (Umluft) vorheizen. Eine kleine feuerfeste Schale mit Wasser in den Backofen stellen. Das Brot aus der Form auf ein bemehltes Backblech stürzen und ca. 40 Minuten im heißen Ofen backen. Auf einem Kuchengitter abkühlen lassen.

Zwischenzeitlich die Eier pellen und in kleine Würfel schneiden. Für die Mayonnaise die Eigelbe mit dem Senf, dem Zitronensaft, dem Cayennepfeffer sowie 1 Prise Salz verrühren. Das Öl in sehr dünnem Strahl dazugießen und unterschlagen. Die Mayonnaise mit den geschnittenen Eiern vermengen und mit dem Essig, dem Pfeffer und etwas Salz abschmecken. Den Schnittlauch in feine Röllchen schneiden. Das Brot aufschneiden, mit etwas Eiersalat bestreichen, mit dem Schnittlauch garnieren und servieren.

Wer für das Brot kein Körbchen besitzt, kann aus dem Teig einen Laib formen und diesen auf ein leicht bemehltes Backblech setzten. Das Brot ist durchgebacken, wenn man auf die Unterseite klopft und es sich hohl anhört.

ZUTATEN FÜR 4 PERSONEN

FÜR DAS BROT

1 TL	Kümmelsamen
1 TL	Fenchelsamen
1 TL	Schwarzkümmel
1 TL	Anissamen
130 g	Dinkelmehl, Type 630
350 g	Roggenmehl, Type 1050
1/2	Würfel frische Hefe (21 g)
200 ml	lauwarmes Wasser
150 g	Naturjoghurt
1 1/2 TL	Meersalz
1 EL	Honig

FÜR DEN EIERSALAT

8	hart gekochte Eier
2	Eigelb
1 TL	Dijon-Senf
1 TL	Zitronensaft
1 kl. Prise	Cayennepfeffer
etwas	Meersalz
120 ml	neutrales Pflanzenöl
1 EL	Weißweinessig
1 gr. Prise	frisch gemahlener Pfeffer aus der Mühle
etwas	Schnittlauch
etwas	Dinkelmehl für die Arbeitsfläche, das Gärkörbchen und das Blech

ALLE VÖGEL SIND SCHON DA

HOFFMANN VON FALLERSLEBEN (1798–1874)

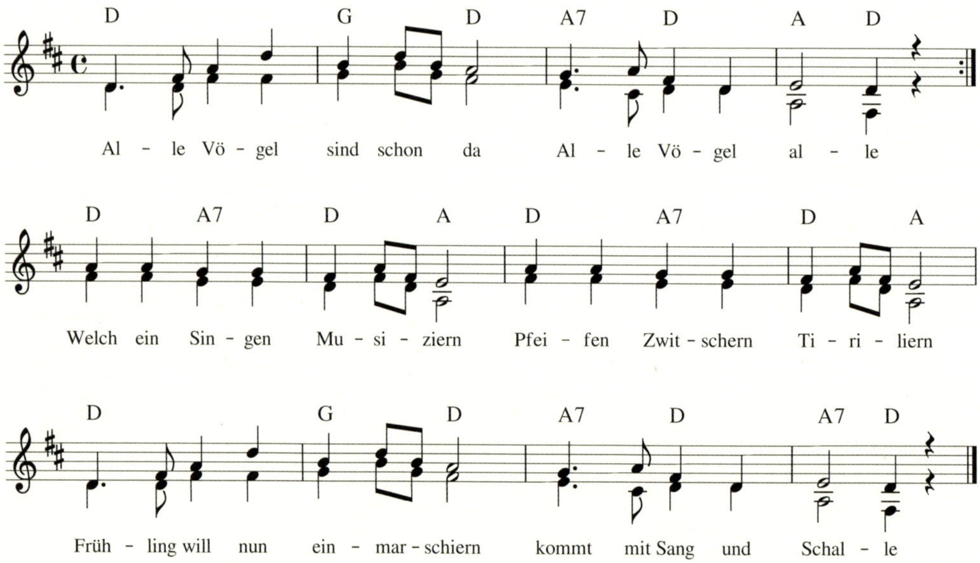

Alle Vögel sind schon da
alle Vögel, alle.
Welch ein Singen, Musiziern,
Pfeifen, Zwitschern, Tiriliern!
Frühling will nun einmarschiern,
kommt mit Sang und Schalle.

Wie sie alle lustig sind,
flink und froh sich regen!
Amsel, Drossel, Fink und Star
und die ganze Vogelschar
wünschen dir ein frohes Jahr,
lauter Heil und Segen.

Was sie uns verkünden nun,
nehmen wir zu Herzen:
Wir auch wollen lustig sein,
lustig wie die Vögelein,
hier und dort, feldaus, feldein,
singen, springen, scherzen.

BAR-LE-DUC
FRANCE

HAFERCUPS

MIT RICOTTA-HONIG-CREME

Den Backofen auf 150 °C (Umluft) vorheizen. Für die Cups die Banane mit einer Gabel in einer Schüssel zu Brei zerdrücken. Die weiteren Zutaten hinzufügen und alles zunächst mit einem Kochlöffel gut vermischen. Anschließend die Masse mit der Hand zu einem geschmeidigen Teig verkneten.

Ein Mini-Muffinbackblech mit etwas Öl einfetten. Die Cupmasse gleichmäßig in die Förmchen geben und mit einem Kochlöffelstiel jeweils ein Loch in die Mitte drücken. Die Hafercups im heißen Ofen 15-20 Minuten backen und anschließend auf einem Kuchengitter auskühlen lassen. Dann aus den Förmchen lösen.

Für die Ricottacreme alle Zutaten zu einer cremigen Masse verrühren. Vor dem Servieren die ausgekühlten Hafercups damit befüllen.

Die Hafercups können, mit ein paar Beeren getoppt, auch im Alltag als gesunde, energiereiche Häppchen für zwischendurch dienen.

ZUTATEN FÜR CA. 24 STÜCK

FÜR DIE HAFERCUPS

1	weiche Banane
90 g	fein gehackte Mandeln
100 g	Haferflocken
25 g	Kokosraspel
50 g	fein gehackte Cashewkerne
1 Prise	Meersalz
50 g	Honig
1/2 TL	gemahlener Ceylon-Zimt
30 g	geschmolzenes Kokosöl (leicht erwärmt)

FÜR DIE RICOTTACREME

150 g	Ricotta
1	abgeriebene Schale von unbehandelten Zitrone
50 g	Honig
100 g	Frischkäse
etwas	neutrales Pflanzenöl für das Mini-Muffinbackblech

LÖWENZAHN

REINER KUNZE (*1933)

Warum sind
Löwenzahnblüten gelb?
Das weiß jedes Kind.
Weil Löwenzahnblüten
Briefkästen sind.

Wer hat die Briefkästen
aufgestellt?
Die grasgrüne Wiese.
Sie steckt in die Briefkästen
all ihre Grüße.

Wem werden die Grüße
zugestellt?
Das weiß jedes Kind.
Briefträger sind
Biene und Wind.

LÖWENZAHNLÖWEN UND PUSTEBLUMENGIRLANDE

Löwenzahnblüten sammeln und die Stängel abzwicken. Auf ein festes DIN-A3-Blatt einen Kreis mit Flüssigkleber auftragen und die Blüten nebeneinander darauf befestigen. Mit Bleistift ein Löwengesicht zwischen die Mähne zeichnen. Auf einem separaten Papierblatt die Ohren farbig malen, ausschneiden und aufkleben. Wer mag, kann sie auch mit Bleistift direkt an den Mähnenkranz zeichnen.

Für die Girlande die geschlossenen Köpfe des verblühten Löwenzahns mittig mit einer Nadel auf einen Nylonfaden auffädeln und aufhängen. Sie gehen innerhalb eines Tages als Pusteblumen auf und halten mehrere Monate, wenn sie nicht berührt werden.

LÖWENZAHNKRANZ

Das Binden von Löwenzahnkränzen auf der Wiese zählt zu meinen schönsten Frühlings-Kindheitserinnerungen. Welche eine Freude, diese Tradition auch weiterhin zu bewahren!

Auf der Wiese ca. 30 Löwenzahnblüten mit langem Stiel pflücken. Dabei aufpassen, dass sie nicht die Kleidung berühren, denn die Flecken des Pflanzensaftes lassen sich nur schwer entfernen.

1. Zwei Blütenstängel über Kreuz legen.

2. Den Stängel der oberen Blüte nach hinten wegknicken und zwischen die Köpfchen der beiden Blüten nach vorn führen. Den Stängel mit dem anderen parallel zusammenlegen. Dies ist der Anfang.

3. Nun den nächsten Blütenstängel anlegen und ihn auf die gleiche Weise um die anderen beiden Stängel wickeln. Den Stängel wiederum parallel an den Strang legen. Dies mit weiteren Blütenstängeln wiederholen.

4. Wenn der Kranz die gewünschte Größe hat, die Enden so zusammenführen, dass sich die Blüten fast berühren. Mit weiteren Blüten den überstehenden Strang auf die gleiche Flechtweise an dem Kranz befestigen. Dadurch wird der Kranz in diesem Bereich dichter. Zum Schluss den Strang mehrfach an dieser Stelle mit einem Stängel umwickeln und verknoten.

Auf die gleiche Weise lassen sich zum Beispiel Kränze aus Gänseblümchen binden. Wichtig: Beim Flechten stets mit kürzeren Stängeln beginnen und mit längeren das Flechten fortsetzen.

IM BILD RECHTS:
LÖWENZAHNGELEE

LÖWENZAHNGELEE

ZUTATEN
FÜR 7–8 GLÄSER À 200 ML

250 g	Löwenzahnblüten (geputzt gewogen)
1,25 l	Wasser
	Saft von
2	Zitronen
2 kg	Gelierzucker 1:1

So viel wie möglich vom Grün der Löwenzahnblüten entfernen, dann die gelben Blütenblättchen mit dem Wasser aufkochen und 5 Minuten kochen. Mindestens 24 Stunden ruhen lassen, danach durch ein Tuch gießen und gut ausdrücken.

Zu der gewonnenen Flüssigkeit den Zitronensaft geben. Jeweils 750 ml von der Flüssigkeit mit 1 kg Gelierzucker in einem Topf mischen. Unter Rühren aufkochen und 4 Minuten sprudelnd kochen lassen. In sterile Gläser abfüllen, dabei mögliche Spritzer am Glasrand gleich sauber wischen. Die Gläser sofort verschließen.

ROGGENKNÄCKEBROT

MIT LÖWENZAHNKAPERN

ZUTATEN
FÜR CA. 10 STÜCK (Ø 10 CM)

FÜR DAS ROGGENKNÄCKEBROT

150 g	Roggenmehl, Type 1150
3 g	Trockenhefe
1 TL	Meersalz
125 ml	lauwarmes Wasser
1/2 TL	Kümmelsamen
1/2 TL	Fenchelsamen
1/2 TL	Schwarzkümmel
1/2 TL	frische Thymianblättchen

FÜR DIE LÖWENZAHNKAPERN

1 Handv.	Löwenzahnknospen
100 ml	Wasser
100 ml	heller Balsamicoessig
1 TL	Meersalz
etwas	frisch gemahlener Pfeffer aus der Mühle
1 TL	Korianderkörner
1 TL	Senfkörner
1	Lorbeerblatt
1 Handv.	Wildkräuter (siehe Seite 32)
	Backpapier für das Backblech
etwas	weiche Butter

Das Roggenmehl mit der Trockenhefe, dem Salz und dem Wasser in der Küchenmaschine vermengen. Den Teig abgedeckt an einem warmen Ort 1 Stunde gehen lassen. Den Backofen auf 200 °C (Ober- und Unterhitze) vorheizen. Ein Backblech mit Backpapier auslegen.

Den Teig 2 mm dick ausrollen und daraus Kreise ausstechen (ca. 10 cm Ø). Jeweils in der Mitte ein kleines Loch (ca. 2 cm Ø) ausstechen, z. B. mit einem Apfelausstecher, und die Kreise auf das Backpapier legen. Die Gewürze über die ausgestochenen Knäckebrote streuen und leicht andrücken. Mit einer Gabel ein Muster hineinstechen und die Kringel ca. 15 Minuten im heißen Ofen backen. Die dünnen Brote während dieser Zeit beobachten und früh genug aus dem Ofen nehmen, da sie noch etwas nachbräunen.

Die Löwenzahnknospen waschen und abtropfen lassen. Das Wasser, den Essig und die Gewürze in einem kleinen Topf aufkochen und die Knospen für 10–20 Sekunden hineingeben. Danach sofort herausnehmen und in Twist-off-Gläschen füllen. Die Gläser mit dem heißen Sud auffüllen und sofort verschließen. Die Löwenzahnkapern halten sich im Kühlschrank mehrere Wochen.

Das abgekühlte Knäckebrot mit etwas Butter bestreichen und mit den Kapern belegt servieren.

Die Löwenzahnkapern passen auch wunderbar als Topping auf einen Salat oder auf eine Antipasti-Platte.

ROGGENKNÄCKEBROT

KNUSPRIGE SPARGELTARTE

MIT FRÜHLINGSKRÄUTERN

ZUTATEN FÜR EINE TARTEFORM (36 X 12 CM)

FÜR DEN TEIG

125 g	kalte Butter
250 g	Dinkelmehl, Type 630
1	Eigelb
50 ml	Eiswasser
1 TL	Meersalz
1 Prise	frisch geriebene Muskatnuss

FÜR DEN BELAG

750 g	weißer oder grüner Spargel
etwas	Meersalz
etwas	heller Rohrohrzucker
2	Eier
150 ml	Sahne
1 Prise	frisch geriebene Muskatnuss
1 Handv.	verschiedene Frühlingskräuter, z. B. Schnittlauch, Bärlauch, Löwenzahn und Kerbel
etwas	Butter für die Form
etwas	Dinkelmehl für die Arbeitsfläche

Die Tarteform mit Butter einfetten. Die kalte Butter in Würfel schneiden. Alle Zutaten für den Mürbeteig in eine Schüssel geben und mit der Küchenmaschine rasch zu einem geschmeidigen Teig verkneten. Den Teig auf einer bemehlten Arbeitsfläche dünn ausrollen und die Form damit auskleiden. Die Oberfläche mehrmals mit einer Gabel einstechen. Den Tarteboden kühl stellen. Den Backofen auf 180 °C (Umluft) vorheizen.

Den weißen Spargel schälen und die holzigen Enden abschneiden, bei dem grünem Spargel nur die Enden entfernen. In einem Spargeltopf oder großen Topf Wasser zum Kochen bringen, jeweils eine Prise Salz und Zucker dazugeben. Den Spargel in wenigen Minuten – je nach Dicke der Stangen – bissfest garen. Die Stangen herausnehmen und abtropfen lassen.

Den Tarteboden 10 Minuten ohne Belag im heißen Ofen vorbacken.

Für den Guss die Eier mit der Sahne, jeweils einer Prise Salz und Zucker und der Muskatnuss verrühren. Die Kräuter waschen, trocken schütteln und klein zupfen oder fein schneiden. Die Spargelstangen halbieren und auf der vorgebackenen Tarte verteilen. Die Kräuter darüberstreuen, vorher etwas davon zum Dekorieren beiseitelegen. Den Guss auf die Tarte gießen und diese in 30 Minuten goldbraun backen. Vor dem Servieren nach Belieben mit den beiseitegelegten Frühlingskräutern dekorieren.

Die fertige Tarte lässt sich sehr gut einfrieren und ist dann für spontane Gäste schnell warm gemacht.

HEFE-GUGELHUPF

HEFE-GUGELHUPF

MIT MANDEL-ZITRONEN-FÜLLUNG

ZUTATEN FÜR EINE GUGELHUPFFORM (Ø 20 CM)

FÜR DEN TEIG

500 g	Dinkelmehl, Type 630
1/2	Würfel frische Hefe (21 g)
250 ml	lauwarme Vollmilch
80 g	heller Rohrohrzucker
1	Ei
1 Prise	Meersalz

FÜR DIE FÜLLUNG

120 g	weiche Butter (Zimmertemperatur)
100 g	gemahlene Mandeln
70 g	gehackte Mandeln
1	abgeriebene Schale von unbehandelten Zitrone
75 g	dunkler Rohrohrzucker
1/2 TL	gemahlener Ceylon-Zimt
1/2	frisch geriebene Tonkabohne
1 EL	Zitronensaft
5	Tropfen natürliches Zitronenaroma

ZUM BESTÄUBEN

etwas	gesiebter Puderzucker
etwas	Butter und Mehl für die Form
etwas	Dinkelmehl für die Arbeitsfläche

Für den Teig das Mehl in eine Schüssel sieben und eine Mulde hineindrücken. Die Hefe hineinbröckeln, mit der lauwarmen Milch und 1 EL Rohrohrzucker verrühren. Den Vorteig 15 Minuten zugedeckt an einem warmen Ort gehen lassen. Dann die restlichen Teigzutaten hinzufügen und mit der Küchenmaschine zu einem geschmeidigen Teig kneten. Zugedeckt an einem warmen Ort etwa 1 Stunde gehen lassen.

Für die Füllung die Butter schaumig schlagen. Die gemahlenen und gehackten Mandeln, die Zitronenschale, den Rohrohrzucker, den Zimt, die Tonkabohne, den Zitronensaft sowie das Zitronenaroma unterrühren.

Eine Gugelhupfform mit Butter einfetten und mit etwas Mehl bestäuben. Den Teig auf einer gut bemehlten Arbeitsfläche zu einem Rechteck (ca. 60 x 30 cm) ausrollen. Die Füllung darauf verteilen, den Teig von der Längsseite her aufrollen und den Strang so in die Form legen, dass diese gleichmäßig ausgefüllt ist. Nochmals an einem warmen Ort 30 Minuten gehen lassen.

Den Backofen auf 170 °C (Umluft) vorheizen. Den Gugelhupf in 35-40 Minuten goldbraun backen. Auf einem Kuchengitter auskühlen lassen, erst dann vorsichtig aus der Form lösen. Den ausgekühlten Kuchen mit etwas Puderzucker bestreuen.

OSTERHEFEZOPF

Die Milch in einem kleinen Topf lauwarm erwärmen. Das Mehl in eine große Schüssel sieben und eine Mulde hineindrücken. Die lauwarme Milch in die Mulde geben, die Hefe hineinbröseln und mit dem Zucker bestreuen. Etwas Mehl vom Rand darüberstäuben und den Vorteig mit einem Tuch abgedeckt 15 Minuten an einem warmen Ort gehen lassen.

Danach das Salz, das Eigelb und die in Würfel geschnittene Butter hinzufügen. Alle Zutaten mit dem Knethaken der Küchenmaschine zu einem geschmeidigen Teig kneten. Zu einer Kugel formen, die Oberfläche mit etwas Mehl bestäuben und den Hefeteig abgedeckt an einem warmen Ort 1 Stunde gehen lassen.

Ein Backblech mit Backpapier auslegen. Die Arbeitsfläche leicht mit Mehl bestäuben. Den Hefeteig noch einmal in der Schüssel durchkneten. Dann auf die Arbeitsfläche geben, in drei gleich große Portionen teilen und zu drei ca. 4 cm dicken Strängen rollen. Diese nebeneinanderlegen, die oberen Enden zusammendrücken und die Teigstränge zu einem Zopf flechten. Beide Enden unter dem Zopf einschlagen und diesen auf das Backblech legen. Mit einem Tuch abdecken und weitere 20 Minuten gehen lassen. In der Zwischenzeit den Backofen auf 200 °C (Umluft) vorheizen.

Das Eigelb mit der Milch verquirlen und die Oberfläche des Zopfes damit bestreichen. Das Gebäck 20–25 Minuten (je nachdem, ob der Zopf eher lang und flach ist oder kurz und dick) im heißen Ofen goldgelb backen.

ZUTATEN FÜR 1 GROSSEN ODER 2 KLEINERE ZÖPFE

200 ml	Milch
500 g	Dinkelmehl, Type 630
1/2	Würfel frische Hefe (21 g)
50 g	heller Rohrohrzucker
1 TL	Meersalz
2	Eigelb
100 g	weiche Butter (Zimmertemperatur)

ZUM BESTREICHEN

1	Eigelb
1 EL	Milch
	Backpapier für das Backblech
etwas	Dinkelmehl für die Arbeitsfläche

OSTERHEFEZOPF

OSTERLÄMMCHEN

ZUTATEN FÜR EINE OSTERLAMMFORM (AUS SCHWARZBLECH ODER TON)

2	Eier
1 TL	Wasser
1 Prise	Meersalz
80 g	heller Rohrohrzucker
1 Pck.	Bourbon-Vanillezucker
80 g	Dinkelmehl, Type 630

ZUM BESTÄUBEN

etwas	gesiebter Puderzucker
etwas	Butter und feine Semmelbrösel für die Form
etwas	gesiebter Puderzucker

Beide Hälften der Lämmchenform vor dem Zusammenbau sorgfältig mit Butter einfetten und gleichmäßig mit den Semmelbröseln ausstreuen. Die nicht haftenden Brösel abklopfen und ausschütten. Die Form zusammenbauen. Den Backofen auf 180 °C (Umluft) vorheizen.

Die Eier trennen. Das Eiweiß mit dem Wasser und dem Salz in der Küchenmaschine aufgeschlagen. Wenn es sehr steif ist, langsam den Zucker und den Vanillezucker einrieseln lassen, dabei weiterrühren. Sobald die Masse cremig weiß ist, nacheinander die Eigelbe hinzugegeben. Das Mehl nach und nach auf den Teig sieben und vorsichtig mit einem großen Schneebesen unterheben.

Den Teig in die Form füllen. Zuerst 2 EL Teig in das Köpfchen geben. Mit einem Teelöffel den Teig etwas hin- und herbewegen, damit Luftblasen aus den kleinen Ohren entweichen können und diese auch mit Teig gefüllt sind. Dann die Lammform zu 3/4 mit dem Teig füllen und die Form in den heißen Backofen stellen.

Das Osterlämmchen 30 Minuten (Blechform) bzw. 1 Stunde (Tonform) backen. Dann die Backform aus dem Ofen holen und etwas abkühlen lassen. Zum Herauslösen des Lammes den Verschluss der Form öffnen, die Form auf eine Seite legen und die oben liegende Formhälfte vorsichtig abheben. Dann das Lamm behutsam aus der zweiten Formhälfte herausnehmen. Noch im warmen Zustand mit Puderzucker bestäuben.

Für ein sehr weißes Schäfchen das Gebäck erneut mit Puderzucker bestäuben, sobald es abgekühlt ist. Besonders hübsch sehen die Lämmchen mit einem schmalen Stoffband und einem Glöckchen um den Hals aus.

Aēsop

MÖHREN-ORANGEN-SAFT

MÖHREN-ORANGEN-SAFT

MIT INGWER

ZUTATEN FÜR 4 GLÄSER

4	mittelgroße Möhren
3	Orangen
1	Apfel
1	daumengroßes Stück Ingwer
1/2	süße reife Ananas
400 ml	Orangen- oder Apfelsaft

ZUM SERVIEREN

1 Handv.	Eiswürfel

Die Möhren waschen, schälen und in kleine Würfel schneiden. Die Orangen schälen und filetieren. Den Apfel waschen, vierteln, das Kerngehäuse entfernen und das Fruchtfleisch würfeln. Den Ingwer schälen und in Scheiben schneiden. Die Ananas schälen, den Strunk entfernen und das Fruchtfleisch ebenfalls klein schneiden.

Alle Zutaten zusammen in einen Hochleistungsmixer geben und fein pürieren. Den Saft durch ein Sieb geben, in gekühlte Gläser füllen und nach Belieben mit Eiswürfeln servieren.

SPAZIERGANG DURCH DEN BÄRLAUCHWALD

Mit dem Frühling sind die Wanderer zurückgekehrt. Aus dem Wald kommend führt sie ein schmaler, ansteigender Pfad über die große Wiese von Hazelnut House und weiter geht es schließlich in Richtung des kleinen Dorfes Girsterklaus.

Der Weg ist ein Teil des atemberaubend schönen „Mullerthal Trails". Er erinnert mich an einen schmalen Küstenweg, den „South West Coast Path" in Cornwall. Zwar gibt es hier keine Meeresküste, doch die Tour führt genauso abenteuerlich und vogelfrei über Gras, Stock und Stein.

Auch wir wollen heute durch den Auwald ganz in der Nähe spazieren. Wir, das sind meine kleine Tochter und ich. „Mit geheimnisvollen Düften grüßt vom Hang der Wald mich schon", notierte Emanuel Giebel in seinem Frühlingsgedicht. Vielleicht war der Lyriker auch zur Bärlauchzeit unterwegs. Der feine, alles durchdringende Knoblauchduft strömt uns schon entgegen, noch bevor wir die hellgrünen Blätter auf dem Waldboden entdeckt haben. „Oh, ich kann ihn schon riechen", ruft Léonore und hält sich mit Daumen und Zeigefinger lachend die Nase zu. „Weißt du eigentlich, warum der Bärlauch so heißt?" frage ich sie. Sie schüttelt den Kopf. „Das Kraut war die erste Nahrung der Bären nach dem langen Winterschlaf", erzähle ich ihr, während wir langsam weiterschlendern. ‚Allium ursinum', so lautet der botanische Name der Pflanze. Alle Pflanzen auf der ganzen Welt haben lateinische Namen, damit sie überall verstanden werden. „Und ‚Ursus', das heißt Bär", führe ich weiter aus. „Gut", sagt meine kleine Erntehelferin, „wir pflücken Bärenkraut." Noch tragen die hohen Buchen keine Blätter und das Sonnenlicht kann ungehindert den moosigen Waldboden erwärmen. Die Frühlingsgewächse nutzen diese kurze Zeit, um ihre ganze Pracht zu entfalten. Buschwindröschen, Veilchen und Lerchensporn verweben sich zu einem Blütenteppich. Dazwischen, sehr grazil, der Salomonsiegel.

Für die Küche sind die ersten zarten Triebe des Bärlauchs am allerfeinsten. Inzwischen zeigt das Zwiebelgewächs schon seine kugelförmigen Blütendolden. Wie weiß getupft wirkt das Waldrevier. Wir pflücken ein Bündel Blätter und nehmen auch noch ein paar der hübschen Blüten zum Dekorieren mit.

WO FINDE ICH FRISCHEN BÄRLAUCH?

Bärlauch wächst im Frühling in lichten Laubwäldern. Aber auch in schattigen Bereichen des Gartens fühlt sich die Wildpflanze wohl und verbreitet sich schnell. Im Frühjahr werden auch auf den Wochenmärkten frische Bärlauchblätter angeboten.

WAS MUSS ICH BEI DER ERNTE BEACHTEN?

Bärlauchblätter dürfen auf keinen Fall mit den giftigen Blättern des Maiglöckchens verwechselt werden. Wichtige Unterscheidungsmerkmale sind: Beim Zerreiben der Blätter des Bärlauchs zwischen den Fingern macht sich der typische Knoblauchduft bemerkbar. Beim Bärlauch befindet sich außerdem an jedem dreieckigen Blätterstiel ein Blatt, beim runden Stiel des Maiglöckchens sind es stets zwei Blätter. Kinder sollten nur in Begleitung von Erwachsenen, die sich wirklich damit auskennen, Wildkräuter sammeln.

BÄRLAUCHKNOTEN

ZUTATEN FÜR 1 GROSSEN KNOTEN ODER ZOPF

700 g	Dinkelmehl, Type 630
1/2	Würfel frische Hefe (21 g)
1 TL	heller Rohrohrzucker
250 ml	lauwarmes Wasser
5 EL	natives Olivenöl
1 1/2 TL	Meersalz
1 Handv.	Bärlauch
2 EL	Kräuter, z. B. Schnittlauch, Petersilie, Kerbel
1	kleine Zucchini
2 EL	Milch
	Backpapier für das Backblech
etwas	Dinkelmehl für die Arbeitsfläche

Das Mehl in eine Schüssel sieben und eine Mulde hineindrücken. Die Hefe hineinbröckeln, den Zucker sowie 50 ml lauwarmes Wasser hineingeben und mit etwas Mehl vom Rand bestäuben. Den Vorteig abgedeckt 15 Minuten an einem warmen Ort gehen lassen. Im Anschluss 2 EL Olivenöl, das restliche Wasser und 1 TL Salz unter den Teig kneten und diesen mit einem Tuch abgedeckt erneut 45 Minuten gehen lassen.

Ein Backblech mit Backpapier auslegen. Inzwischen den Bärlauch und die Kräuter waschen, blanchieren, ausdrücken und fein hacken. Die Zucchini waschen, von den Enden befreien, fein raspeln und mit 1/2 TL Salz vermengen.

Den Teig auf einer leicht bemehlten Arbeitsfläche durchkneten. Die Zucchini gut ausdrücken. Den Bärlauch, die Kräuter und die Zucchini unter den Teig arbeiten. Falls dieser zu feucht werden sollte, einfach etwas Mehl hinzufügen. Den Teig in vier Teile schneiden und diese erst zu langen Strängen, dann zu einem Knoten oder Zopf formen. Dafür werden die vier Stränge zunächst verkreuzt übereinandergelegt (Abbildung links) und anschließend wird jeweils der untere Strang über den danebenliegenden oberen Strang gelegt. Den fertigen Knoten auf das Backblech setzen und 15 Minuten ruhen lassen.

Währenddessen den Backofen auf 175 °C (Unter- und Oberhitze) vorheizen. Das restliche Olivenöl mit der Milch mischen und den Teig damit bestreichen. Den Knoten im heißen Ofen in 45 Minuten goldgelb backen.

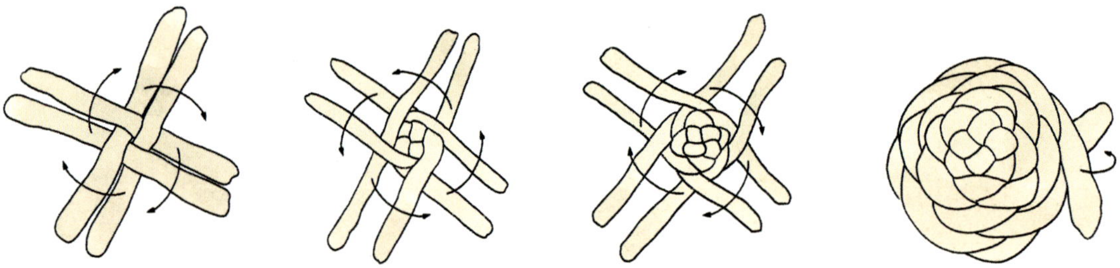

BÄRLAUCHSÜPPCHEN

ZUTATEN
FÜR 5-6 PERSONEN

3	Schalotten
3 EL	Butter
150 ml	trockener Weißwein
100 ml	Wermut, z. B. Noilly Prat
600 ml	Geflügel- oder Gemüsebrühe
300 ml	Sahne
1 EL	Zitronensaft
etwas	Meersalz
etwas	frisch gemahlener Pfeffer aus der Mühle
100 g	Petersilie
200 g	Bärlauch
300 g	Crème fraîche

Die Schalotten schälen und fein würfeln. Die Butter in einem Topf erhitzen, die Schalottenwürfel darin andünsten und mit dem Weißwein ablöschen. Diesen Ansatz etwas einreduzieren lassen. Danach mit Wermut ablöschen und ebenfalls einreduzieren lassen. Mit der Geflügelbrühe und der Sahne genauso verfahren. Zum Schluss mit dem Zitronensaft, dem Salz und dem Pfeffer abschmecken.

Zwischenzeitlich die Petersilie und den Bärlauch waschen, trocken schütteln, von den Stielen befreien und grob hacken. Zusammen mit der Crème fraîche in ein hohes Gefäß füllen und mit einem Pürierstab fein mixen.

Kurz vor dem Servieren das Bärlauchpüree nach und nach unter die heiße Suppe mixen. Damit die Farbe erhalten bleibt, darf sie nicht mehr aufkochen. Wer die Suppe etwas milder mag, verwendet nur einen Teil des Pürees.

Das Süppchen schmeckt auch mit vielen anderen Kräutern herrlich. Dafür den Bärlauch durch andere Wildkräuter (siehe Seite 32) ersetzen.

FESTLICHE SUPPE

MIT FLÄDLE UND GRIESSNOCKERL

Für die Suppe einen Topf Wasser aufkochen und die Knochen für 30 Sekunden in das kochende Wasser geben. Anschließend mit einer Schaumkelle herausnehmen und mit kaltem Wasser abbrausen.

Das Suppenfleisch zusammen mit den blanchierten Knochen in einen Topf geben, mit 3 l Wasser auffüllen und einmal aufkochen lassen. Den sich bildenden Schaum mit einer Schaumkelle immer wieder abschöpfen. Die Suppe 2 Stunden auf niedriger Flamme ohne Deckel köcheln lassen.

Unterdessen die Petersilienstängel und das Gemüse waschen und in grobe Stücke oder Würfel schneiden. Die Zwiebeln mit Schale halbieren und in einer trockenen Pfanne mit den Schnittflächen nach unten anbräunen lassen. Alle restlichen Zutaten zur Suppe geben und 1 weitere Stunde köcheln.

Die Suppe durch ein feines Sieb passieren, gegebenenfalls je nach Geschmack etwas einköcheln lassen und mit dem Salz abschmecken. Abkühlen lassen. Im kalten Zustand das Fett, das sich oben abgesetzt hat, mit einer Schaumkelle abschöpfen.

Für die Flädle eine Schüssel mit Eiswasser bereitstellen. Die Petersilie und den Bärlauch in kochendem Wasser blanchieren und mit einer Schaumkelle in das Eiswasser geben. Danach die Blätter gut ausdrücken, mit der Milch fein pürieren und durch ein Sieb streichen. Die Eier und das Mineralwasser zu der Petersilien-Bärlauch-Milch geben und mit dem gesiebten Mehl und den Gewürzen zu einem glatten Teig verrühren. 30 Minuten quellen lassen.

ZUTATEN FÜR 10 PERSONEN

FÜR DIE SUPPE

300 g	Rinderknochen
ca. 1 kg	Rindfleisch zum Kochen, wie z. B. Beinfleisch, Brust oder Schulter
10	Petersilienstängel
150 g	Knollensellerie
1	Möhre
1	Petersilienwurzel
1/2	Stange Lauch
4	braune Zwiebeln
3	Lorbeerblätter
20	Pfefferkörner
etwas	Meersalz

FÜR DIE FLÄDLE

75 g	Petersilie
50 g	Bärlauch
250 ml	Milch
5	Eier
7 EL	Mineralwasser
250 g	Dinkelmehl, Type 630
1/2 TL	frisch geriebene Muskatnuss
1/2 TL	Meersalz
etwas	neutrales Pflanzenöl

FÜR DIE GRIESSNOCKERL

- 350 ml Gemüsebrühe
- 350 ml Milch
- etwas Meersalz
- etwas frisch gemahlener Pfeffer aus der Mühle
- 1/2 TL abgeriebene Schale einer unbehandelten Orange
- 230 g Hartweizengrieß
- 2 Eier
- 2 Eigelb

ZUM DEKORIEREN

- etwas Schnittlauch

Nach der Ruhezeit in einer beschichteten Pfanne etwas Pflanzenöl erhitzen, eine kleine Kelle Teig hineinfließen lassen und durch Schwenken der Pfanne einen dünnen Crêpe formen. Diesen bei niedriger Temperatur garen, dabei einmal wenden. Er soll nicht braun werden. Den fertigen Crêpe aus der Pfanne auf einen Teller gleiten lassen und mit dem restlichen Teig genauso verfahren. Die ausgekühlten Crêpes zusammenrollen und in feine Streifen schneiden.

Für die Grießnockerl die Gemüsebrühe und die Milch mit den Gewürzen und der Orangenschale aufkochen lassen. Den Hartweizengrieß einstreuen und rühren, bis die Masse dicklich wird. Vom Herd nehmen und etwas auskühlen lassen. Die Eier und die Eigelbe verquirlen und unter die Masse rühren.

Einen Topf mit Salzwasser erhitzen. Die Grießnockerl mit zwei Teelöffeln aus der Grießmasse stechen und ins nur leicht siedende Wasser gleiten lassen. Die Nockerl sind fertig, wenn sie an der Oberfläche schwimmen. Dann mit einer Schaumkelle vorsichtig aus dem Wasser heben.

Für die Dekoration den Schnittlauch in feine Röllchen schneiden. Die Suppe erneut aufkochen. Die Grießnockerl und die Flädle in warme Suppenteller geben, mit der heißen Brühe übergießen und das Ganze mit Schnittlauch bestreuen.

Wer möchte, kann das Suppenfleisch in kleine Würfel schneiden und als Einlage in der Suppe erwärmen.

BÄRLAUCHSANDWICH

Mein liebstes Frühlingssandwich ist schnell gezaubert: 2 Scheiben Toastbrot mit Ziegenfrischkäse bestreichen und mit Bärlauchblättern belegen. Danach als Sandwich zusammenfügen, von außen mit Butter bestreichen und in der Pfanne von beiden Seiten knusprig anbraten.

BÄRLAUCHGNOCCHI

ZUTATEN FÜR 4 PERSONEN

FÜR DIE GNOCCHI

550 g mehligkochende Kartoffeln
1 Lorbeerblatt
20 g Butter
20 g Bärlauchblätter ohne Stiel
1 Ei
1 TL Meersalz
etwas frisch geriebene Muskatnuss
etwas frisch gemahlener Pfeffer aus der Mühle
90 g Weizenmehl, Type 550

FÜR DAS PESTO

50 g Bärlauchblätter ohne Stiel
100 ml natives Olivenöl
1/2 TL Meersalz
etwas frisch gemahlener Pfeffer aus der Mühle
abgeriebene Schale von 1 unbehandelten Zitrone
2 TL Zitronensaft

ZUM ANBRATEN

50 g Butter

ZUM DEKORIEREN

50 g Pecorino
einige Bärlauchblüten nach Belieben

etwas Weizengrieß für die Arbeitsfläche
etwas Olivenöl

Die Kartoffeln waschen und in einem Topf mit Salzwasser und dem Lorbeerblatt in 20–25 Minuten gar kochen. In der Zwischenzeit die Butter in einem Topf leicht bräunen und beiseitestellen. Den Backofen auf 120 °C (Umluft) vorheizen. Die Kartoffeln abgießen, pellen, längs halbieren, auf ein Blech legen und im Ofen 10 Minuten ausdampfen lassen. Danach durch eine Kartoffelpresse drücken.

Den Bärlauch waschen, trocken schütteln und grob schneiden. Mit der gebräunten Butter, dem Ei und den Gewürzen in einen hohen Becher geben und fein pürieren. Das Bärlauchpüree sowie das Mehl zu den Kartoffeln geben und alles zu einem geschmeidigen Teig vermengen.

Die Arbeitsfläche mit etwas Grieß bestreuen. Salzwasser in einem großen Topf bis kurz unter den Siedepunkt erhitzen. Den Teig halbieren und zu zwei Rollen mit jeweils 2 cm Durchmesser formen. Die Rollen in 1 cm dicke Stücke schneiden. Die Schnittkanten mit den Händen etwas abrunden und mit den Zinken einer Gabel ein Muster hineindrücken. Die Teigklößchen in zwei Portionen in das siedende Wasser geben. Sie sind gar, wenn sie an der Oberfläche schwimmen. Mit einer Schaumkelle herausnehmen und auf einem Sieb kurz abtropfen lassen. Danach auf einen mit Öl bestrichenen Teller legen und auskühlen lassen.

Für das Pesto die Bärlauchblätter grob schneiden und mit den anderen Zutaten in einem hohen Becher fein pürieren.

In einer beschichteten Pfanne die Butter erhitzen und die Gnocchi in zwei Portionen darin anbraten. Auf vorgewärmten Tellern anrichten, mit ein wenig Pesto beträufeln und nach Belieben mit fein gehobeltem Pecorino sowie Bärlauchblüten bestreuen.

BÄRLAUCH-SPINAT-RAVIOLI

MIT SALBEIBUTTER

Für den Nudelteig alle Zutaten zu einem glatten Teig verkneten, mit etwas Folie umwickeln und mindestens 30 Minuten ruhen lassen. Für die Füllung den Spinat und den Bärlauch waschen, blanchieren, fein hacken und ausdrücken. Die Zwiebel schälen, in feine Würfel schneiden und in der Butter andünsten. Den Käse reiben. Den Quark in eine Schüssel geben, mit den anderen Zutaten vermengen und mit Muskat, Salz und Pfeffer abschmecken. Den Nudelteig in acht Stücke teilen und sieben davon wieder abdecken. Ein Stück auf einer leicht bemehlten Arbeitsfläche mit einem Nudelholz zu einem Quadrat rollen und mit einer Nudelmaschine zu einer dünnen Teigbahn verarbeiten. Mit einem zweiten Stück gleichermaßen verfahren.

Die Füllung in einen Spritzbeutel geben. Alle 4 cm einen Tupfen Füllung auf die erste Teigbahn setzen. Den Teig um die Füllung herum mit Eiweiß bepinseln. Die zweite Teigbahn vorsichtig auf die erste legen und um die Füllungen herum gut festdrücken, sodass es keine Lufteinschlüsse gibt. Die einzelnen Ravioli mit einem Teigrädchen ausschneiden oder mit einer runden Form ausstechen und auf ein mit Mehl bestäubtes Brett geben. Mit einem Küchentuch abdecken. Mit dem restlichen Teig genauso vorgehen. Einen Topf mit Salzwasser zum Kochen bringen. Die fertigen Ravioli einzeln hineingleiten lassen und je nach Teigdicke 5–10 Minuten kochen lassen.

In einer beschichteten Pfanne die Butter schmelzen lassen und den Salbei hineingeben. Die Ravioli mit einer Schaumkelle aus dem Wasser heben und in der Salbeibutter schwenken. Mit dem Käse bestreut auf warmen Tellern anrichten.

Der Nudelteig lässt sich das ganze Jahr über mit unterschiedlichsten Füllungen zu immer neuen wunderbaren Gerichten verwandeln. Im Sommer nehme ich gern getrocknete Tomaten und Basilikum, im Herbst fülle ich die Ravioli mit verschiedenen Pilzsorten. Und im Winter ist Rote Bete ein Muss.

ZUTATEN FÜR 4 PERSONEN

FÜR DEN TEIG

300 g	Dinkelmehl, Type 630
120 g	Hartweizengrieß
3	Eier
4 EL	natives Olivenöl
1	Eiweiß

FÜR DIE RAVIOLIFÜLLUNG

400 g	Spinat
200 g	Bärlauch
1	Zwiebel
1 EL	Butter
50 g	würziger Käse, z. B. Gruyère oder Bergkäse
200 g	Quark (Fettstufe 40 %), über Nacht auf einem Sieb abgetropft
1 Prise	frisch geriebene Muskatnuss
etwas	Meersalz
etwas	frisch gemahlener Pfeffer aus der Mühle

ZUM SERVIEREN

100 g	Butter
10	kleine Salbeiblätter
100 g	frisch geriebener Parmesan oder Pecorino
etwas	Dinkelmehl für die Arbeitsfläche

SPARGEL UNTER DER PARMESANKRUSTE

MIT WILDKRÄUTERSALAT

ZUTATEN
FÜR 4 PERSONEN

FÜR DIE PARMESANKRUSTE

1/2 Bund	Schnittlauch
50 g	sehr kleine Würfel von geräuchertem Schinken
150 g	frisch geriebener Parmesan
100 g	weiche Butter (Zimmertemperatur)
1 Prise	Meersalz

FÜR DEN SPARGEL

1,2 kg	weißer Spargel
1 geh. EL	Meersalz
1 geh. EL	heller Rohrohrzucker
1/2	unbehandelte Zitrone

FÜR DEN WILDKRÄUTERSALAT

4 Handv.	Wildkräuter (siehe Seite 32) oder alternativ grüner Eichblattsalat
1 EL	Agavensirup
2 EL	heller Balsamicoessig abgeriebene Schale von
1/2	unbehandelten Zitrone
1 gr. Prise	Meersalz
etwas	frisch gemahlener Pfeffer aus der Mühle
1	kleine Knoblauchzehe, geschält und gerieben
4 EL	natives Olivenöl
3 Blatt	Backpapier

Für die Parmesankruste den Schnittlauch waschen, trocken schütteln und in feine Röllchen schneiden. Alle Zutaten für die Kruste in einer Küchenmaschine verkneten. Die Masse zwischen zwei Backpapierblättern dünn zu einem Rechteck ausrollen und in den Kühlschrank legen.

Den Backofen auf 200 °C (Ober- und Unterhitze) vorheizen. Ein Backblech mit Backpapier belegen. Den Spargel sorgfältig schälen und die trockenen Enden abschneiden. In einem Topf 3 l Wasser mit den restlichen Spargelzutaten zum Kochen bringen. Den Spargel im kochenden Wasser ca. 8 Minuten bissfest garen, dann herausheben, abtropfen lassen und in vier Portionen nebeneinander auf dem Backblech verteilen.

Die kalte Parmesanbutter-Platte auf einem Brett in gleichmäßige Stücke schneiden und mit einer Palette auf dem Spargel verteilen. Den Spargel im heißen Ofen auf der obersten Schiene 10-15 Minuten backen, bis die Parmesankruste goldbraun ist.

Für den Salat die Wildkräuter waschen und vorsichtig trocken schleudern. Für die Salatsauce alle Zutaten außer dem Öl in einer Schüssel miteinander verrühren. Anschließend das Olivenöl in einem dünnen Strahl mit einem Schneebesen unterschlagen.

Kurz vor dem Servieren die Wildkräuter in der Salatsauce marinieren und mit dem heißen Spargel anrichten.

BÄRLAUCH-ZITRONEN-POLENTA

1 l Gemüsebrühe aufkochen und mit dem Schneebesen den Polentagrieß einrühren. Unter Rühren 2–3 Minuten köcheln lassen. Dabei eventuell etwas Gemüsebrühe nachgießen. Die Hitze auf niedrigste Stufe reduzieren und die Polenta je nach Packungsangabe ca. 20 Minuten ausquellen lassen.

Die restlichen Zutaten unter den Maisbrei rühren, dabei etwas von den Kräutern zum Dekorieren beiseitelegen.

Die Polenta mit Olivenöl beträufeln, den beiseitegestellten Kräutern sowie Pecorinohobeln dekorieren und heiß servieren.

ZUTATEN FÜR 4 PERSONEN

1–1,2 l	Gemüsebrühe
250 g	Polentagrieß
1 EL	Butter
60 g	frisch geriebener Pecorino
1 EL	Zitronensaft
	abgeriebene Schale von
1	unbehandelten Zitrone
2 Handv.	frisch gehackte Kräuter, z. B. Bärlauch, Kerbel, Schnittlauch, Petersilie

ZUM SERVIEREN

etwas	natives Olivenöl
etwas	gehobelter Pecorino

Wenn etwas von der Polenta übrig bleibt, kann man sie abkühlen lassen und am nächsten Tag in Stücke geschnitten in etwas neutralem Pflanzenöl anbraten. Dazu passt ein grüner Salat.

KRÄUTERHÄHNCHEN

MIT GRÜNEM COUSCOUS UND MINZE-CRÈME-FRAÎCHE

ZUTATEN FÜR 4 PERSONEN

FÜR DAS KRÄUTERHÄHNCHEN

1	Bio-Hähnchen, ca. 1,4 kg
1 Handv.	Kräuter, z. B. Bärlauch, Basilikum, Petersilie, Salbei und Thymian
1	Zwiebel
1/2	Apfel
1	unbehandelte Zitrone
1 Zweig	frischer oder
1/2 TL	getrockneter Majoran
1 EL	frisch gemahlener Pfeffer aus der Mühle
1 TL	gemahlener Piment
1	Lorbeerblatt
1 1/2	TL Meersalz
etwas	neutrales Pflanzenöl
6 Zweige	Petersilie
2 Zweige	Rosmarin
6	geschälte Knoblauchzehen
50 g	geschmolzene Salzbutter

FÜR DAS GRÜNE COUSCOUS

250 ml	Gemüse- oder Geflügelbrühe
1/2 TL	Meersalz
250 g	Couscous
30 g	Bärlauch
20 g	Minze
30 g	Petersilie
20 g	Dill
2 EL	natives Olivenöl
1	Frühlingszwiebel

FÜR DIE MINZE-CRÈME-FRAÎCHE

20 g	Minze
150 g	Crème fraîche
etwas	Meersalz
etwas	frisch gemahlener Pfeffer aus der Mühle

Den Ofen auf 160 °C (Umluft) vorheizen. Das Hähnchen von innen und außen kalt abwaschen und mit Küchenkrepp trocken tupfen. Die Kräuter waschen, trocken schütteln und vorsichtig unter die Hähnchenhaut schieben, ohne dass diese dabei einreißt.

Die Zwiebel schälen und in grobe Würfel schneiden. Den Apfel und die Zitrone waschen, den Apfel vom Kerngehäuse befreien und beides ebenfalls in Würfel schneiden. Die Zwiebel-, Apfel- und Zitronenwürfel, den Majoran, den Pfeffer, den Piment, das Lorbeerblatt und das Salz miteinander vermengen und als Füllung in das Hähnchen geben.

Einen Bräter mit Öl einfetten. Die Petersilien- und Rosmarinzweige waschen und trocken schütteln. Zusammen mit den angedrückten Knoblauchzehen in dem Bräter verteilen, das Hähnchen darauflegen und mit etwas von der Salzbutter bepinseln. Das Hähnchen im Ofen auf der untersten Schiene 1 Stunde garen und zwischendurch immer wieder mit etwas Salzbutter bepinseln. Danach den Ofen auf 200 °C hochschalten und das Hähnchen in weiteren 15–20 Minuten knusprig braten.

In der Zwischenzeit die Brühe mit dem Salz aufkochen und über das Couscous gießen. Mit einem Teller abdecken und 10 Minuten ziehen lassen. Die Kräuter waschen, trocken schütteln und mit dem Olivenöl in einem Mixer fein pürieren. Die Frühlingszwiebel waschen, putzen und in feine Ringe schneiden. Das Couscous mit einer Gabel auflockern und gegebenenfalls etwas Brühe nachgießen. Die pürierten Kräuter unterrühren und die Frühlingszwiebelringe darüberstreuen.

Für die Minze-Crème-fraîche die Minze waschen, trocken schütteln, in feine Streifen schneiden und mit den restlichen Zutaten für den Dip vermengen.

Das fertige Hähnchen aus dem Bräter nehmen und auf eine vorgewärmte Platte setzen. Den Bratensatz mit 3–4 EL Wasser lösen, über ein Sieb abgießen, in einem kleinen Topf aufkochen und über das Hähnchen gießen. Mit dem grünen Couscous und der Minze-Crème-fraîche servieren.

LAMMKEULE AUS DEM OFEN

LAMMKEULE AUS DEM OFEN

MIT ERBSENPÜREE, KNUSPRIGEN KARTOFFELN UND FRÜHLINGSSALAT

ZUTATEN FÜR 6 PERSONEN

FÜR DAS LAMM

ca. 2 kg	Lammkeule mit Knochen
6 EL	Honig
3 Zweige	Rosmarin
100 ml	natives Olivenöl
2 TL	Meersalz

FÜR DAS ERBSENPÜREE

250 g	Tiefkühl-Erbsen
500 g	mehligkochende Kartoffeln
1	Lorbeerblatt
100 ml	Milch
150 ml	Sahne
50 g	weiche Butter (Zimmertemperatur)
1 Prise	frisch geriebene Muskatnuss
etwas	Meersalz
etwas	frisch gemahlener Pfeffer aus der Mühle

FÜR DEN FRÜHLINGSSALAT

10	Zuckerschoten
1 Handv.	Radieschen, verschiedene Sorten (bunt) oder nur eine Sorte (rot)
100 ml	Apfel- oder Weißweinessig
2 TL	Senfsaat
1	Lorbeerblatt
1 gr. Prise	Meersalz
1 TL	heller Rohrohrzucker
1 Handv.	kleine junge Möhrchen

Den Backofen auf 150 °C (Umluft) vorheizen. Den Teil der Lammkeule mit der Fettschicht einritzen, ohne dabei das Fleisch zu verletzen. Das Fleisch mit dem Honig, den Rosmarinnadeln, dem Öl und dem Salz einreiben und in einen ofenfesten Bräter geben. 4 Stunden garen. Währenddessen das Fleisch jede Stunde einmal wenden. Am Ende kann das Fleisch mit Backpapier abgedeckt werden, damit es nicht zu dunkel wird.

Für das Erbsenpüree die TK-Erbsen etwas antauen lassen. Die Kartoffeln schälen, in Würfel schneiden, in kaltem Salzwasser mit dem Lorbeerblatt ansetzen, aufkochen und weich garen. Das Wasser abschütten, die Kartoffeln durch eine Presse drücken und auskühlen lassen. Die angetauten Erbsen mit der Milch, 100 ml Sahne, der Butter und den Gewürzen in einem Mixer fein pürieren. Die Masse mit einem Teigschaber durch ein Sieb streichen. Mit den durchgepressten Kartoffeln vermengen und beiseitestellen.

Für den Frühlingssalat einen kleinen Topf mit Salzwasser aufstellen. Das Gemüse waschen. Die Stiele der Zuckerschoten abschneiden, die Schoten in 2 cm breite Stücke schneiden und im Wasser blanchieren. Die Radieschen putzen und halbieren. In einem weiteren kleinen Topf den Essig mit der Senfsaat, dem Lorbeerblatt, dem Salz und dem Zucker aufkochen. 10 Radieschenhälften dazugeben und darin ca. 15 Minuten ziehen lassen, dann abgießen. Den Rest der Radieschen in Scheiben oder Streifen schneiden. Die Möhrchen längs halbieren, den Salat und die Wildkräuter waschen und vorsichtig trocken schleudern. Die Erbsen aus den Schoten lösen.

Für das Dressing den Weißweinessig mit dem Senf, dem Salz und dem Pfeffer verrühren. Das Olivenöl in einem dünnen Strahl langsam unterschlagen. Das Dressing beiseitestellen.

Für die Kartoffeln einen Topf mit Salzwasser und dem Lorbeerblatt aufstellen. Die kleinen Kartoffeln sauber bürsten und im kochenden Wasser bissfest garen. Abgießen und ausdampfen lassen. In einer beschichteten Pfanne die Butter mit dem Öl schmelzen lassen. Den Rosmarin- und den Thymianzweig sowie die angedrückten Knoblauchzehen dazugeben. Die Kartoffeln hinzufügen und anbraten. Nach 2 Minuten auf jeder Seite die Kräuter und die Knoblauchzehen entfernen. Die Semmelbrösel dazugeben, die Kartoffeln darin schwenken und goldgelb braten. Zum Schluss mit dem Salz und dem Pfeffer würzen. Die Kartoffeln warm stellen.

Die Lammkeule aus dem Ofen holen, aus dem Bräter nehmen und 15 Minuten zugedeckt ruhen lassen. Den Bratensaft im Bräter erwärmen, die Stärke mit 1 EL kaltem Wasser anrühren und unter Rühren in den Bräter geben. Mit der Gemüse- oder Geflügelbrühe ablöschen, die Sauce aufkochen, eventuell etwas einreduzieren lassen und mit dem Senf, dem Salz und dem Pfeffer abschmecken.

Das Erbsenpüree zusammen mit der restlichen Sahne in einen Topf geben und unter Rühren erwärmen. Den Salat mit den Zuckerschotenstreifen, den Möhrchen, den marinierten Radieschen, den Radieschenscheiben und den Erbsen mischen. Mit dem Dressing marinieren und mit bunter Kresse toppen.

Das Lammfleisch auf einer großen Platte anrichten und alle Beilagen dazu servieren.

150 g	gemischter Salat mit Wildkräutern (siehe Seite 32)
2 Handv.	frische Erbsenschoten
etwas	bunte Kresse zum Toppen

FÜR DAS SALATDRESSING

2 EL	Weißweinessig
1 TL	mittelscharfer Senf
etwas	Meersalz
etwas	frisch gemahlener Pfeffer aus der Mühle
4 EL	natives Olivenöl

FÜR DIE KARTOFFELN

1	Lorbeerblatt
600 g	kleine neue Kartoffeln
50 g	Butter
2 EL	neutrales Pflanzenöl
1 Zweig	Rosmarin
1 Zweig	Thymian
2	geschälte Knoblauchzehen
100 g	Semmelbrösel
etwas	Meersalz
etwas	frisch gemahlener Pfeffer aus der Mühle

FÜR DIE BRATENSAUCE

2 EL	Speisestärke
300 ml	Gemüse- oder Geflügelbrühe
1 TL	mittelscharfer Senf
1 Prise	Meersalz
etwas	frisch gemahlener Pfeffer aus der Mühle

ROSA BOUQUET

Die persische Kaiserkrone ‚Twin Towers Tribute', lila Flieder, die Narzisse ‚Thalia', die Tulpe ‚Salmon Impression', Helleborus und blühende Zweige des Apfelbaumes vereinen sich in der Vase zu einer traumhaften Kombination des Frühlings.

(ANLEITUNG SEITE 20)

WIR FEIERN
DEN FRÜHLING.

BARFUSS ÜBER WIESEN

EINSTIMMUNG AUF DAS FEST

TANZ IN DEN MAI

Die Schwalben jagen in akrobatischen Flügen über die Wiese hinweg. Sanft bewegt der Wind die weißen, duftigen Doldenblüten des Kerbels hin und her. Schmetterlinge gaukeln über den Gräsern. Alles ist in Bewegung. Die Wiese scheint zu tanzen.

Wenn wir uns nur einen Moment Zeit nehmen und sie beobachten, verzaubert sie uns mit ihrer ganz eigenen Choreografie. Also schauen wir genau hin und hören auch zu. Wir lauschen dem Gesang der Vögel und dem Summen der Bienen. Vom Hof aus der Nachbarschaft mischt sich das rhythmische Tuckern eines Traktors darunter, aber das stört nicht.

Der britische Autor Steven Lovatt beschreibt in seinem Buch „Birdsong in a Time of Silence" den Gesang der Vögel als „nature's greatest free music festival". Der vielstimmige Gesang der Vögel als kostenloses Open-Air-Festival – welch ein grandioser Vergleich. Und jetzt im Mai ist dieses Konzert ganz besonders schön. Seit jeher haben sich Dichter, Maler und Musiker von dieser Stimmung beflügeln lassen. Und so sind Meisterwerke entstanden, die wir augenblicklich mit dieser Jahreszeit verbinden. „La Primavera", „Der Frühling" aus Antonio Vivaldis „Die vier Jahreszeiten" ist so eine Musik: Im ersten Satz lauscht der Zuhörer dabei entzückt den Violinen, wie sie das lebhafte Gezwitscher der Vögel imitieren.

Heute könnte dieses Stück nicht passender sein. Angesichts des herrlichen Maiwetters haben wir Freunde zu einem spontanen Tanzfest auf der Wiese eingeladen. Noch geht alles durcheinander, es ist gerade so, als würden wir kurz vor einer Theaterpremiere stehen. Was die Tanzkostüme betrifft, müssen wir nicht lange überlegen: Die maigrüne Landschaft ist mit vielen weißen Blüten geschmückt. Daher frage ich in die Runde: „Wie wäre es, alle in Weiß? Und dazu Kränze aus Wiesenblumen?" Mit der Nachmittagsstille ist es ab diesem Moment vorbei. Die Freude am Verkleiden und das Ausprobieren der Kränze sind schon ein Spektakel für sich.

HERZHAFTE CHEESECAKE-TÖRTCHEN

Den Backofen auf 180 °C (Umluft) vorheizen. Ein Backblech mit Backpapier auslegen. Die Dessertringe auf das Blech stellen. Wenn Muffinförmchen verwendet werden, diese leicht mit Butter fetten.

Den Toast mit dem Multimixer fein zerkleinern und mit der Butter, dem Salz und der Sahne vermengen. Die Masse gleichmäßig in die Förmchen drücken und 15–20 Minuten im heißen Ofen backen, bis die Oberfläche leicht gebräunt ist.

Währenddessen für die Füllung den Schnittlauch waschen, trocken schütteln und in feine Röllchen schneiden. Mit allen weiteren Zutaten zu einer glatten Creme verrühren. Wenn die Törtchenböden ausreichend vorgebacken sind, den Ofen auf 150 °C herunterschalten, das Blech aus dem Ofen ziehen und die Creme auf den Böden verteilen. Die Törtchen ca. 30 Minuten weiterbacken.

Die kleinen Cheesecakes aus dem Ofen holen und abkühlen lassen, dann 4 Stunden kalt stellen. Vor dem Servieren mit einem Messer vorsichtig von den Dessertringen bzw. aus den Muffinförmchen lösen.

Die Törtchen können auch warm zu einem frischen Salat gegessen werden!

ZUTATEN FÜR 4 STÜCK (Ø 7 CM)

FÜR DEN BODEN

70 g	Vollkorntoast vom Vortag
30 g	geschmolzene Butter
1 Prise	Meersalz
2 EL	Sahne

FÜR DIE FÜLLUNG

1/2 Bund	Schnittlauch
150 g	Frischkäse
4 EL	Sahne
2	Eier
1 gr. Prise	frisch geriebene Muskatnuss
1 TL	Zitronensaft
1 gr. Prise	Meersalz
etwas	frisch gemahlener Pfeffer aus der Mühle
	Backpapier für das Backblech
4	Dessertringe (Ø 7 cm, alternativ Muffinförmchen)
	evtl. Butter für die Förmchen

FRÜHLINGSHAFTER CAESAR-SALAT

MIT HÄHNCHENBRUST

ZUTATEN FÜR 4 PERSONEN

FÜR DAS FLEISCH

2	Bio-Hähnchenbrüste, mittlere Größe
2 EL	natives Olivenöl
etwas	Meersalz
2	geschälte Knoblauchzehen
2 Zweige	Thymian

FÜR DAS DRESSING

1/2 geh. TL	grober Senf
1/2 geh. TL	mittelscharfer Senf
2 EL	Balsamicoessig
	etwas Meersalz
1 TL	Honig
1/2	abgeriebene Schale von unbehandelten Zitrone
1 EL	Zitronensaft
6 EL	natives Olivenöl

FÜR DEN SALAT

300 g	bunt gemischter Blattsalat
1 Bund	rote Radieschen
1 Handv.	Zuckerschoten
1 EL	Butter
1 EL	fein geschnittene Kräuter nach Geschmack
30 g	Parmesan

Den Backofen auf 180 °C (Umluft) vorheizen. Die Hähnchenbrüste kurz abwaschen, trocken tupfen und in eine ofenfeste Form legen. Mit dem Olivenöl und dem Meersalz einreiben. Die angedrückten Knoblauchzehen sowie die Thymianzweige dazulegen. Das Fleisch je nach Dicke 15–20 Minuten im Backofen durchgaren, dann herausnehmen und abkühlen lassen.

Für das Salatdressing beide Senfsorten, den Essig, das Salz, den Honig, die Zitronenschale und den Zitronensaft miteinander verrühren. Dann das Olivenöl in einem dünnen Strahl darunterschlagen.

Den Salat waschen und trocken schleudern. Die Radieschen und die Zuckerschoten ebenfalls waschen und jeweils die Enden abschneiden. Die Radieschen je nach Größe gegebenenfalls halbieren. In einer Pfanne die Butter schmelzen und die Radieschen sowie die Zuckerschoten darin andünsten.

Den Salat mit den Kräutern, den Radieschen und den Zuckerschoten mischen und auf einer großen Platte anrichten. Die Hähnchenbrust in feine Streifen schneiden, in der Salatsauce marinieren und gleichmäßig auf dem Salat verteilen. Das restliche Dressing darüberträufeln. Mit einem Sparschäler den Parmesan in Späne hobeln und über den Salat streuen.

IM BILD LINKS: KRÄUTERTARTE

KRÄUTERTARTE

MIT MASCARPONE UND BUNTEM FRÜHLINGSGEMÜSE

ZUTATEN FÜR EINE TARTEFORM (36 X 12 CM)

FÜR DEN TEIG

125 g	Dinkelmehl, Type 630
1/2 TL	Meersalz
1 Prise	frisch geriebene Muskatnuss
60 g	kalte Butter
1	Ei
1	Eigelb

FÜR DIE FÜLLUNG

250 g	Mascarpone
2	Eigelb
2	Eier
30 g	frische Frühlingskräuter
1 gr. Prise	Meersalz
1	abgeriebene Schale von unbehandelten Zitrone

FÜR DEN BELAG

1 Bund	Radieschen (bunte oder nur rote)
5 kleine	Möhrchen
1/2 Bund	grüner Spargel
1/2 Bund	weißer Spargel
3	Frühlingszwiebeln
2	Schalotten
etwas	natives Olivenöl
etwas	Meersalz
2 TL	abgeriebene Schale einer unbehandelten Zitrone
2 TL	Zitronensaft
2 TL	Agavensirup
etwas	frischer Kerbel und essbare Blüten (siehe Seite 33)

etwas	Butter für die Form
etwas	Dinkelmehl für die Arbeitsfläche
	Backpapier und getrocknete Hülsenfrüchte zum Vorbacken

Für den Teig das Mehl, das Salz und die Muskatnuss in eine Schüssel geben. Die Butter in Flöckchen hinzufügen und alles mit der Küchenmaschine oder mit den Händen rasch zu einem krümeligen Teig kneten. Zum Schluss das Ei dazugeben und weiterkneten, bis ein gleichmäßiger Teig entsteht. Den Teig abdecken und für 15 Minuten kühlen.

Den Backofen auf 180 °C (Ober- und Unterhitze) vorheizen. Eine Tarteform einfetten. Den Teig auf der leicht bemehlten Arbeitsfläche gleichmäßig ausrollen und die Form damit auskleiden. Den Teig mit einer Gabel mehrmals einstechen, mit einem Backpapier belegen und die Hülsenfrüchte daraufgeben. Im heißen Ofen 10 Minuten blindbacken. Dann das Backpapier mit den Hülsenfrüchten herausheben, den leicht vorgebackenen Teig mit dem Eigelb bestreichen und für weitere 10 Minuten goldgelb backen.

Für die Füllung alle Zutaten in einem Mixer fein pürieren. Die grüne Masse auf dem vorgebackenen Mürbeteigboden verteilen und die Tarte 25–30 Minuten backen.

In der Zwischenzeit für den Belag das Gemüse waschen. Die Radieschen von Blättern und Wurzeln befreien und halbieren. Die Möhren schälen und in Stifte schneiden. Von beiden Spargelsorten die trockenen Enden abschneiden, den weißen Spargel zudem sorgfältig schälen. Alle Spargelstangen in gleichmäßige Stücke schneiden. Die Frühlingszwiebeln von dem groben Grün sowie den Wurzeln befreien und längs halbieren. Die Schalotten schälen und ebenfalls halbieren.

In einer Pfanne etwas Olivenöl erhitzen. Die Möhrchen, die Frühlingszwiebeln, die Schalotten und die Radieschen darin einige Minuten andünsten und anschließend auf einen Teller geben. Erneut etwas Olivenöl erhitzen und den Spargel in derselben Pfanne andünsten. Die Möhren, die Zwiebeln und die Radieschen zum Spargel geben, mit dem Salz, der Zitronenschale, dem Zitronensaft sowie dem Agavensirup abschmecken und kurz in dem Sud schwenken.

Die Tarte aus dem Backofen nehmen und dekorativ mit dem gedünsteten Gemüse belegen. Mit frischem Kerbel und essbaren Blüten dekorieren.

BLÜHENDE FOCACCIA

Das Mehl in eine Schüssel sieben und eine Mulde hineindrücken. Das Wasser in die Mulde gießen, die Hefe hineinbröseln, mit dem Zucker und etwas Mehl vom Rand bestreuen und zugedeckt an einem warmen Ort 15 Minuten gehen lassen.

Den Rosmarin und den Thymian waschen und trocken schütteln. Die Blättchen bzw. Nadeln von den Zweigen streifen und sehr fein hacken. Das Salz, das Olivenöl, den Pfeffer und die gehackten Kräuter zum Vorteig geben und alles mit dem Knethaken der Küchenmaschine zu einem glatten Teig verkneten. Den Teig auf einer leicht bemehlten Arbeitsfläche 2 cm dick zu einem Quadrat ausrollen und zugedeckt erneut 20 Minuten gehen lassen.

Den Backofen auf 220 °C (Umluft) vorheizen. Ein Backblech mit Backpapier auslegen. Für den Belag das Gemüse waschen. Vom grünen Spargel die Enden abscheiden. Die Zwiebeln schälen, halbieren und in Ringe schneiden. Die Kirschtomaten je nach Form halbieren oder in Scheiben schneiden. Das Grün der Frühlingszwiebeln etwas abschneiden und die Zwiebeln je nach Größe längs halbieren. Die Paprika entkernen und in Streifen oder Würfel schneiden.

Den Focacciaboden auf das Backblech legen, dekorativ mit dem Gemüse sowie den Kräutern belegen und mit etwas Olivenöl beträufeln. Im heißen Ofen in ca. 25 Minuten goldgelb backen.

ZUTATEN FÜR 1 FOCACCIA

FÜR DEN TEIG

- 500 g Dinkelmehl, Type 630
- 200 ml lauwarmes Wasser
- 1/2 Würfel frische Hefe (21 g)
- 1 Prise heller Rohrohrzucker
- 1 Zweig Rosmarin
- 1 Zweig Thymian
- 1 TL Meersalz
- 50 ml Olivenöl
- etwas frisch gemahlener Pfeffer aus der Mühle

FÜR DEN BELAG

- 1/2 Bund dünner grüner Spargel
- 1 Handv. verschiedene (wenn möglich) Kirschtomaten
- 2 kleine rote Zwiebeln
- 2 Frühlingszwiebeln
- 1/3 rote Paprika
- 1/3 gelbe Paprika
- 1 Zweig Thymian mit Blüten
- 1 Zweig Rosmarin
- etwas natives Olivenöl

- etwas Dinkelmehl für die Arbeitsfläche
- Backpapier für das Backblech

IM BILD LINKS: BLÜHENDE FOCACCIA

KOMM, LIEBER MAI UND MACHE

ADOLPH OVERBECK (1755–1821)

BUNTE FLAMMKUCHEN

ZUTATEN FÜR 2 FLAMMKUCHEN

FÜR DEN TEIG

300 g	Pizzamehl, Type 00
200 ml	Wasser
1/4 TL	Meersalz
3 EL	natives Olivenöl

FÜR DIE CREME

300 g	Crème fraîche
1	abgeriebene Schale von unbehandelten Zitrone
2 TL	Zitronensaft
1 gr. Prise	Meersalz
1	Knoblauchzehe, geschält und gerieben

FÜR DAS ZITRONENÖL

1 EL	Olivenöl
1/2	abgeriebene Schale von unbehandelten Zitrone

FÜR DEN BELAG

4 EL	Olivenöl
200 g	weiße Spargelspitzen
200 g	grüne Spargelspitzen
1	abgeriebene Schale von unbehandelten Zitrone
2 TL	Zitronensaft
2 TL	Honig
etwas	Meersalz
1/2	Knoblauchzehe, geschält und gerieben
150 g	geräucherter Lachs
250 g	Burrata (italienische Frischkäsespezialität, ähnlich dem Mozzarella)
ein paar	feine Löwenzahnblätter und -blüten
ein paar	kleine Dillspitzen
	Backpapier für das Backblech
etwas	Mehl für die Arbeitsfläche

Alle Zutaten für den Flammkuchenboden miteinander verkneten. Für die Creme die Crème fraîche in einer Schüssel mit der Zitronenschale, dem Zitronensaft, dem Salz und dem Knoblauch vermengen. Für das Zitronenöl das Olivenöl mit der Zitronenschale vermengen.

Eine beschichtete Pfanne erhitzen, das Olivenöl hineingeben und die Spargelspitzen darin von allen Seiten bissfest andünsten. Mit der Zitronenschale, dem Zitronensaft, dem Honig, dem Salz und dem Knoblauch abschmecken.

Den Backofen auf 250 °C (Ober- und Unterhitze) vorheizen. Wer einen Backstein für den Backofen hat, heizt diesen auf der höchsten Stufe mit auf. Das kann je nach Dicke des Pizzasteins 30-60 Minuten dauern.

Zwei Backbleche mit Backpapier auslegen. Den Teig halbieren und jeweils dünn zu einem Oval ausrollen. Die Flammkuchen auf die Backbleche legen und jeweils mit der Hälfte der Creme bestreichen. Die Flammkuchen nacheinander jeweils einige Minuten unter Beobachtung so lange im heißen Backofen backen, bis die Ränder knusprig braun sind. Alternativ die Teigfladen auf einen bemehlten Flammkuchenschieber setzen und auf den Backstein gleiten lassen. Auch hier nur so lange backen, bis die Ränder knusprig braun sind – meist geht das auf dem Backstein etwas schneller.

Die heißen Flammkuchen mit dem gebratenen Spargel, kleinen Lachsstücken und Burratastückchen garnieren. Die Burrata mit Salz bestreuen und mit dem Zitronenöl beträufeln. Mit den Löwenzahnblättern und -blüten sowie dem Dill garnieren. Danach die Flammkuchen jeweils in Stücke schneiden und heiß servieren.

Der Flammkuchenteig kann ausgerollt wunderbar eingefroren werden. Somit hat man immer selbst gemachten fertigen Flammkuchenboden zur Verfügung, den man nach den eigenen Vorlieben belegen und frisch backen kann.

RISOTTO

MIT SPARGEL UND FENCHEL

Die Brühe in einem Topf erhitzen. Das Gemüse waschen. Die trockenen Enden des grünen Spargels abschneiden und in die Brühe geben. Den Rest vom Spargel in kleine Stücke schneiden. Den Strunk von der Fenchelknolle abschneiden und die Hälfte des Fenchels in sehr kleine Stücke schneiden. Die Stiele der Knolle können ebenfalls in die Brühe gegeben werden.

Den Backofen auf 180 °C (Ober- und Unterhitze) vorheizen. Die zweite Fenchelhälfte in hauchdünne Scheiben schneiden, diese auf ein Backblech legen, mit 1 EL Olivenöl beträufeln, mit etwas Salz bestreuen und ca. 10 Minuten im heißen Ofen goldgelb backen. Die Fenchelchips aus dem Ofen holen und beiseitestellen.

Die Schalotten schälen und in feine Würfel schneiden. Mit 1 EL Butter und 1 EL Olivenöl in einem Topf andünsten, den Reis dazugeben und mitdünsten. Mit dem Wermut ablöschen und einreduzieren lassen. Nun mit einer Kelle eine kleine Menge der heißen Brühe (ohne Gemüsestücke) zum Reis geben und mit einem Kochlöffel einrühren. Der Reis soll bei mittlerer Hitze köcheln und währenddessen die heiße Brühe komplett aufnehmen. Diesen Vorgang so lange wiederholen, bis der Reis al dente ist, das dauert ungefähr 20 Minuten. Die Schale und den Saft der Zitrone sowie die Spargel- und die Fenchelstücke zum Reis geben und ca. 10 Minuten weiterköcheln.

Den Parmesan reiben, etwas davon zum Bestreuen zurückbehalten und den Rest mit 2 EL Butter ins Risotto rühren. Mit dem Pfeffer und dem Salz abschmecken. Da der Käse sehr würzig ist, reicht eine kleine Prise Salz aus. Das Risotto auf warmen Tellern oder in kleinen Gläschen anrichten, mit etwas Parmesan bestreuen und mit den Fenchelchips garnieren.

ZUTATEN FÜR 3–4 PERSONEN

750 ml	Geflügel- oder Gemüsebrühe
150 g	grüner Spargel
1	kleine Fenchelknolle
2 EL	natives Olivenöl
etwas	Meersalz
2	Schalotten
3 EL	Butter
150 g	Risottoreis, z. B. Arborio
100 ml	Wermut (Noilly Prat)
1	abgeriebene Schale und Saft von unbehandelten Zitrone
60 g	Parmesan
etwas	frisch gemahlener Pfeffer aus der Mühle
1 kl. Prise	Meersalz

SALAT AUS GEBRATENEM SPARGEL

MIT FRÜHLINGSZWIEBELN UND RADIESCHEN

ZUTATEN
FÜR 4 PERSONEN

100 g	Haselnüsse
1 gr. Prise	Meersalz
1 Prise	heller Rohrohrzucker
150 g	weißer Spargel
150 g	grüner Spargel
100 g	Frühlingszwiebeln
100 g	Radieschen mit Grün, verschiedene Sorten (bunt) oder nur eine Sorte (rot)
2 EL	natives Olivenöl
1 EL	körniger Senf
1/2 TL	Honig
1/2	abgeriebene Schale und Saft von unbehandelten Zitrone
2 EL	Weißweinessig
etwas	frisch gemahlener Pfeffer aus der Mühle
etwas	Meersalz

ZUM DEKORIEREN

etwas	Hasel- oder Walnussöl
etwas	bunte Kresse

Die Haselnüsse in einer trockenen beschichteten Pfanne rösten, bis sie beginnen, intensiv zu duften. Danach die Nüsse auf ein Geschirrtuch geben und mithilfe des Tuches gegeneinanderreiben, sodass sich die Häutchen lösen. Die geschälten Nüsse halbieren und beiseitestellen.

Einen Topf Wasser mit einer kräftigen Prise Salz und einer Prise Zucker zum Kochen bringen. Das gesamte Gemüse waschen. Den weißen Spargel sorgfältig schälen, die trockenen Enden abschneiden und die Stangen im kochenden Wasser bissfest garen. Mit einer Schaumkelle herausnehmen, kalt abbrausen und abtropfen lassen. Vom grünen Spargel ebenfalls die trockenen Enden abschneiden und das untere Drittel schälen. Das Wasser erneut zum Kochen bringen und den grünen Spargel 1 Minute darin blanchieren. Dann herausheben, mit kaltem Wasser abbrausen und abtropfen lassen.

Bei den Frühlingszwiebeln etwas Grün am weißen Teil der Stange lassen, den Rest abschneiden und für ein anderes Gericht verwenden. Die Wurzeln knapp an der Knolle abschneiden und die Frühlingszwiebeln längs halbieren. Die Radieschen mit Wurzel und Grün ebenfalls halbieren.

In einer beschichteten Pfanne das Olivenöl auf mittlerer Stufe erhitzen. Beide Spargelsorten, die Frühlingszwiebeln und die Radieschen darin von beiden Seiten kurz anbraten. Mit dem Senf, dem Honig, der Zitronenschale, dem Zitronensaft, dem Essig, dem weißen Pfeffer und dem Salz abschmecken. Zum Schluss die Haselnüsse untermischen.

Den Salat lauwarm auf einer großen Platte anrichten, mit dem Nussöl beträufeln und mit der bunten Kresse bestreuen.

GEBRATENE MAISCHOLLE

GEBRATENE MAISCHOLLE

MIT PASTINAKENPÜREE UND GRÜNER SAUCE

ZUTATEN FÜR 4 PERSONEN

FÜR DAS PÜREE

400 g	Pastinaken oder Petersilienwurzeln
200 g	mehligkochende Kartoffeln
1	Lorbeerblatt
50 ml	Milch
50 ml	Sahne
3 EL	Butter
etwas	Meersalz
etwas	frisch geriebene Muskatnuss

FÜR DIE SAUCE

150 g	grüne Kräuter (z. B. Borretsch, Kerbel, Kresse, Petersilie, Pimpinelle, Sauerampfer, Schnittlauch)
150 g	Crème fraîche
75 g	Sahnejoghurt
	Saft von
1/2	Zitrone
etwas	Meersalz
etwas	frisch gemahlener Pfeffer aus der Mühle

Die Pastinaken und die Kartoffeln waschen, schälen und in grobe Stücke schneiden. In einem Topf mit Salzwasser bedecken, das Lorbeerblatt hinzufügen und in ca. 20 Minuten gar kochen. Das Wasser abgießen und das Gemüse ausdämpfen lassen. Danach in einer Kartoffelpresse oder mit einem Kartoffelstampfer zerdrücken. Die Milch, die Sahne, die Butter und die Gewürze in einem Topf aufkochen lassen, zum Pastinakenpüree geben und mit einem Kochlöffel unterarbeiten.

Für die Sauce die Kräuter waschen, trocken schütteln, die Blättchen von den Stängeln zupfen und fein schneiden. Mit den anderen Zutaten verrühren und mit einem Schneidestab pürieren.

Für den Fisch die Butter in einem Topf erhitzen und bräunen lassen, den dabei entstehenden Schaum abschöpfen. Danach die Butter durch ein feines Sieb gießen und beiseitestellen. Die Schollen unter fließendem kaltem Wasser abwaschen, trocken tupfen und auf einen Teller legen.

Für das Gemüse das Grün der Frühlingszwiebeln etwas abschneiden. Die Zwiebeln und die Radieschen mit Blättern waschen und längs halbieren. Das Olivenöl in einer beschichteten Pfanne erhitzen, das Gemüse von beiden Seiten kurz anbraten und mit dem Zitronensaft, dem Salz und dem Pfeffer abschmecken. Das Gemüse warm stellen.

Die Schollen mit etwas Salz und Pfeffer bestreuen. Die Hälfte der vorbereiteten Nussbutter in der eben für das Gemüse benutzten Pfanne erhitzen. 2 Schollen hineinlegen und 3 Minuten von einer Seite anbraten. Danach 1 Thymianzweig hinzugeben und den Fisch vorsichtig wenden, sodass die Haut nicht beschädigt wird. Das gelingt mithilfe von zwei Pfannenwendern am besten. Von der anderen Seite ebenfalls 3 Minuten anbraten. Währenddessen mit einem Löffel die Butter über den Fisch schäumen. Die Schollen aus der Pfanne nehmen und warm stellen. Mit den anderen Schollen ebenso verfahren.

Die Schollen mit dem Püree, der grünen Sauce und dem gebratenen Frühlingsgemüse auf warmen Tellern anrichten. Nach Belieben mit Blüten und Blättern von Kapuzinerkresse dekorieren.

FÜR DEN FISCH

150 g Butter
4 kleinere Maischollen, küchenfertig
etwas Meersalz
etwas frisch gemahlener Pfeffer aus der Mühle
2 Zweige Thymian

FÜR DAS GEMÜSE

3 Frühlingszwiebeln
6 Radieschen
1 EL Olivenöl
1 EL Zitronensaft
etwas Meersalz
etwas frisch gemahlener Pfeffer aus der Mühle

ZUM DEKORIEREN

Blätter und Blüten von Kapuzinerkresse

MINI-CUPCAKES

MINI-CUPCAKES

MIT ZITRONEN-FRISCHKÄSE-CREME

ZUTATEN FÜR 12 STÜCK

FÜR DEN TEIG

100 g Butter
100 ml Milch
3 Eier
150 g heller Rohrohrzucker
1 Pck. Bourbon-Vanillezucker
150 g Dinkelmehl, Type 630
2 gestr. TL Weinsteinbackpulver
60 g gemahlene Mandeln
50 g gehackte Mandeln
1 Prise Meersalz
abgeriebene Schale und Saft von 2 unbehandelten Zitronen

FÜR DIE FRISCHKÄSECREME

abgeriebene Schale und Saft von 2 unbehandelten Zitronen
100 g weiche Butter (Zimmertemperatur)
50 g Puderzucker
1 TL Bourbon-Vanillezucker
200 g Doppelrahmfrischkäse

ZUM DEKORIEREN

50 g Mandelblättchen
30 g flüssiger Honig

Mini-Muffinbackblech
12 kleine Muffinpapierförmchen

Den Backofen auf 160 °C (Umluft) vorheizen. Die Butter in einem Topf schmelzen. Die Milch hinzufügen, kurz unterrühren und den Topf beiseitestellen.

Die Eier mit dem Zucker und dem Vanillezucker schaumig schlagen. Das Mehl mit dem Backpulver sieben, die gemahlenen und gehackten Mandeln sowie das Salz hinzugeben und untermischen. Die trockenen Zutaten unter die Eiermasse rühren, dann das Milch-Butter-Gemisch, den Zitronensaft sowie die Zitronenschale dazugeben und ebenfalls unterrühren.

Die Papierförmchen in die Mulden eines Mini-Muffinbackblechs setzen und zu 2/3 mit Teig befüllen. Die Cupcakes 12-15 Minuten im heißen Ofen backen, dabei nach 12 Minuten mit einem Holzspieß eine Garprobe machen. Die gebackenen Mini-Cupcakes auf einem Kuchengitter abkühlen lassen.

Für die Frischkäsecreme alle Zutaten in der Küchenmaschine cremig aufschlagen. Die Mandelblättchen in einer beschichteten Pfanne bei niedriger Hitze ohne Öl anbräunen. Die abgekühlten Mini-Cupcakes mit der Frischkäsecreme bestreichen, mit dem Honig beträufeln und mit den Mandelblättchen dekorieren.

HOLUNDERBLÜTEN-STIELEIS

Den Sirup mit dem Zitronensaft und 500 ml Wasser vermischen. Den Apfel oder die Birne waschen, vom Kerngehäuse befreien, in sehr dünne Scheiben schneiden und in die Förmchen geben. Die Sirup-Mischung einfüllen und 45 Minuten anfrieren lassen. Dann die Stiele hineinstecken und das Eis mindestens 8 Stunden gefrieren lassen. Aus den Förmchen lösen und servieren.

ZUTATEN FÜR 6 STÜCK

200 ml Holunderblütensirup (Rezept Seite 152)
4 EL Zitronensaft
1 Apfel oder Birne

6 Stieleisförmchen
6 Holzstiele

HOLUNDERBLÜTEN-GELEE

Die Holunderblüten in den Orangensaft legen, abdecken und 24 Stunden ziehen lassen. Dann durch ein feines Sieb geben. Den Sud mit dem Gelierzucker und dem Zitronensaft in einen hohen Kochtopf geben, aufkochen und 4 Minuten unter Rühren sprudelnd kochen. Das fertige Gelee heiß bis zum Rand in sterilisierte Twist-off-Gläser füllen, diese zuschrauben und für 5 Minuten kopfüber auf den Deckel stellen. Wieder umdrehen und abkühlen lassen.

ZUTATEN FÜR 7–8 GLÄSER À 200 ML

10 Dolden Holunderblüten
1,5 l Orangendirektsaft
2 kg Gelierzucker 1:1
Saft von
1 Zitrone

IM BILD LINKS: HOLUNDERBLÜTENSTIELEIS

HOLUNDERBLÜTEN-SIRUP

ZUTATEN
FÜR CA. 4 LITER

40	Dolden Holunderblüten
500 ml	Orangensaft
1 1/2 kg	heller Rohrohrzucker
50 g	Weinsteinsäure
	Saft von
1	Zitrone

Die Holunderblüten mit 4 l Wasser übergießen und 24 Stunden ziehen lassen.

Am nächsten Tag das Wasser über ein feines Sieb in einen Topf gießen, mit allen anderen Zutaten erhitzen und kurz sprudelnd kochen lassen. Heiß in sterilisierte Flaschen füllen und abkühlen lassen.

Der Sirup kann an einem dunklen und nicht zu warmen Ort bis zu 1 Jahr aufbewahrt werden.

Die Blütendolden für das Holunderblütengelee, den Holunderblütensirup und die Joghurtmousse sollten vorher nicht gewaschen werden, da sie sonst viel von ihrem wertvollen Aroma verlieren.

JOGHURTMOUSSE

MIT HOLUNDER UND ERDBEEREN

ZUTATEN
FÜR 6 PERSONEN

FÜR DIE JOGHURTMOUSSE

10	Dolden Holunderblüten
200 ml	Sahne
1	Vanilleschote
4 Blatt	Gelatine
100 g	Puderzucker
500 g	Naturjoghurt
100 g	Crème fraîche
4 EL	Zitronensaft
4 EL	Orangenlikör
2	Eiweiß
1 kl. Prise	Meersalz

FÜR DIE ERDBEEREN

400 g	Erdbeeren
50 g	Puderzucker
1 Prise	fein geriebene Tonkabohne

Für die Mousse die Holunderblüten über Nacht in der Sahne ziehen lassen. Am nächsten Tag die Sahne über ein Sieb abgießen, steif schlagen und kühl stellen.

Die Vanilleschote mit einem Messer längs halbieren und das Mark herauskratzen. Die Gelatineblätter einzeln in kaltes Wasser einlegen und ca. 5 Minuten einweichen. Den Puderzucker sieben.

Den Joghurt, die Crème fraîche, den Puderzucker, das Vanillemark und den Zitronensaft in einer Schüssel glatt rühren. Die Gelatine ausdrücken, mit dem Orangenlikör in einen kleinen Topf geben, auf niedrigster Stufe auflösen und dann zügig unter die Joghurtmasse ziehen.

Das Eiweiß mit dem Salz steif schlagen und mit der geschlagenen Sahne unter die Joghurtmasse heben. Die Mousse für 5 Stunden kalt stellen.

Die Erdbeeren waschen und putzen. 200 g Erdbeeren mit dem restlichen Puderzucker und der Tonkabohne pürieren. Die restlichen Erdbeeren in feine Würfel schneiden und unter das Püree mischen. Aus der Joghurtmousse Nocken abstechen und mit den Erdbeeren servieren.

Für schöne, gleichmäßige Nocken zwei Esslöffel in eine Tasse mit heißem Wasser stellen und mit diesen abwechselnd die Nocken abstechen.

Rhabarber
Cafe

WIR ERÖFFNEN EIN

RHABARBERCAFÉ!

Die Kinder haben unter dem kleinen, in voller Blüte stehenden Apfelbäumchen ihr Rhabarbercafé eröffnet. Sie verkaufen Rhabarberlimonade, zauberhafte Financiers & Scones mit Erdbeer-Rhabarber-Konfitüre. Es liegt ein Zauber in der Luft. Im Wind tanzen die Blätter der Apfelblüten.

„Mairegen bringt Segen", so lautet eine alte Bauernregel. Wenn ich den Garten betrachte, so scheinen sich die Pflanzen in ihrer Größe in den letzten Tagen geradezu verdoppelt zu haben. Wärme, Feuchtigkeit und Düngung mit Kompost haben das kräftige Wachstum enorm beschleunigt. Im Küchengarten flanieren wir staunend durch die Gemüsereihen. Vor allem auf den Hochbeeten ist das vielfältige Grün eine Augenweide. Besonders prächtig sind die Salatköpfe der Sorte „Maikönig". Wir schneiden großblättrige Kresse und zupfen von den zarten Blättern der Salatmischung „Red Bowl". Danach geht es mit unserem kleinen Ernteausflug im Obstgarten weiter. Für die ersten Erdbeeren müssen wir uns noch ein wenig gedulden, aber die Rhabarbersaison hat begonnen. Botanisch gesehen ist der Rhabarber übrigens eine Gemüsepflanze – kulinarisch ordnen wir die säuerlichfruchtigen Stangen dennoch so ein, als würden sie zum Obst gehören. Wir zaubern damit feine Desserts und backen himmlische Kuchen. „Himbeerrhabarber" – schon der Name dieser rotstieligen Sorte lässt uns von den schönsten Kreationen träumen. Eine weitere empfehlenswerte Sorte ist „Elmsjuwel". Dieser Rhabarber aus Norddeutschland besitzt rötlich überhauchte, kräftige Stiele und ein sehr intensives Aroma.

„Dürfen wir dir helfen, die Stangen abzuschneiden?" fragen die Kinder und biegen schon die großen Blätter zur Seite. „Sie werden nicht geschnitten, sondern ich ziehe die Stangen hier unten am Ansatz mit einem kurzen Ruck einfach heraus!" Jeder darf es ausprobieren und mit vereinten Kräften ist die Ernte bald abgeschlossen. Kurz darauf liegt ein großes Rhabarberbündel auf dem Küchentisch. Jetzt, zu Beginn der Saison, sind die Stangen noch so zart, dass sie kaum geschält werden müssen. Und der Duft? Wir schwärmen so oft von Blumendüften, aber auch der Geruch von frisch geerntetem Rhabarber ist für mich wie ein Parfüm des Frühsommers. Nach und nach füllt sich die Küche mit allerlei Rhabarberköstlichkeiten. Als die Kinder hereinstürmen und die rosafarbenen Fläschchen mit dem Sirup sehen, gibt es für sie nur noch einen Wunsch: „Können wir unser eigenes Rhabarbercafé eröffnen? Ja? Dort unten am Wanderweg?" Ich muss schmunzeln. Die Idee kommt mir sehr bekannt vor. Auch während unserer Kindheit zählten spontane Verkaufsstände zu den ganz besonderen Ereignissen. Es gab kleine Blumensträuße aus dem Garten in Einmachgläsern oder auch frisch gebackene Waffeln. Also packen wir jetzt alles ein und ziehen zur Wiese. Die Kinder sind im rosa Rhabarberglück.

RHABARBER-FINANCIERS

ZUTATEN FÜR 24 STÜCK

- 125 g Butter
- 100 g heller Rohrohrzucker
- 65 g gemahlene geschälte Mandeln
- 45 g Dinkelmehl, Type 630
- 125 g Eiweiß
- 24 geschälte Rhabarberstückchen

ZUM BESTÄUBEN

- etwas gesiebter Puderzucker

- Mini-Muffinbackblech
- etwas neutrales Pflanzenöl für das Blech

Den Backofen auf 180 °C (Umluft) vorheizen. Die Vertiefungen des Muffinblechs mit Öl einfetten. Die Butter in einem kleinen Topf erhitzen und köcheln lassen, bis sie beginnt zu bräunen. Den Topf vom Herd nehmen. Den Zucker, die Mandeln und das Mehl in eine Schüssel geben und das flüssige Eiweiß mit einem Holzlöffel unterrühren.

Die Nussbutter durch ein feines Sieb zum Teig gießen und unterrühren. Den Teig jeweils 2/3 hoch in die Vertiefungen der Form füllen und in die Mitte je 1 Stück Rhabarber setzen. Die Financiers im heißen Ofen auf der mittleren Schiene etwa 20 Minuten goldbraun backen. Nach Belieben mit etwas Puderzucker bestäuben.

RHABARBERSIRUP

Den Rhabarber putzen, waschen und in Stücke schneiden. Mit dem Wasser in einem großen Topf ohne Deckel aufkochen und ca. 30 Minuten auf kleiner Flamme köcheln lassen. Ein Sieb mit einem Baumwolltuch auskleiden, den Rhabarber hineingießen und den Saft auffangen. Den Rhabarber im Tuch gut ausdrücken.

Den Rhabarbersaft mit dem Zucker und dem Zitronensaft in einen sauberen Topf geben und unter Rühren in ca. 30 Minuten auf 750 ml einkochen lassen. Den heißen Sirup in eine große oder mehrere kleine sterilisierte Flaschen füllen und auskühlen lassen. Im Kühlschrank aufbewahren.

ZUTATEN FÜR 750 ML

2 kg Rhabarber, möglichst eine rotstielige Sorte, z. B. Erdbeerrhabarber
2 l Wasser
500 g heller Rohrohrzucker
Saft von 1 Zitrone

RHABARBER-SCONES

MIT ERDBEER-RHABARBER-KONFITÜRE

ZUTATEN FÜR 4 GROSSE SCONES

FÜR DIE KONFITÜRE

500 g	Erdbeeren
500 g	Rhabarber
1	Vanilleschote
1 kg	Gelierzucker (1:1)

FÜR DEN TEIG

120 g	Rhabarber
500 g	Dinkelmehl, Type 630
1 Pck.	Weinsteinbackpulver
50 g	heller Rohrohrzucker
1 Prise	Meersalz
1 Pck.	Bourbon-Vanillezucker
1/2	abgeriebene Schale von unbehandelten Zitrone
125 g	kalte Butter
250 g	Sahnejoghurt
1	Eigelb
	Backpapier für das Backblech
etwas	Dinkelmehl für die Arbeitsfläche

Die Erdbeeren und den Rhabarber für die Konfitüre waschen. Die Erdbeeren entstielen und den Rhabarber schälen. Beides in kleine Stückchen schneiden. Die Vanilleschote mit einem scharfen Messer der Länge nach aufschneiden und das Mark herauskratzen. Die Erdbeer- und Rhabarberstückchen, das Vanillemark, die Vanilleschote und den Gelierzucker in einen großen Topf geben und unter Rühren aufkochen. Die Konfitüre 3–5 Minuten sprudelnd kochen lassen, dann die Vanilleschote vorsichtig entfernen. Die Konfitüre noch heiß in vier saubere Einmachgläser à 250 ml füllen. Die Gläser fest verschließen, danach vollständig auskühlen lassen.

Für die Scones den Rhabarber waschen, putzen, schälen und in kleine Würfel schneiden. Das Mehl, das Backpulver, den Zucker, das Salz, den Vanillezucker und die Zitronenschale in einer Schüssel vermischen. Die kalte Butter in Flocken dazugeben und mit den Händen alles sehr rasch zu groben Streuseln vermengen. Den Sahnejoghurt und den Rhabarber hinzufügen. Den Teig nur kurz zusammenkneten, abdecken und 30 Minuten kühl stellen.

Den Backofen auf 200 °C (Umluft) vorheizen. Ein Backblech mit Backpapier auslegen. Den Teig vierteln, jedes Teilstück auf einer leicht bemehlten Arbeitsfläche 3 cm dick ausrollen und zu einem Kreis formen. Mit einem Messer jeden Kreis in sechs Tortenstücke schneiden und jeweils mit einer Palette zusammengesetzt auf das Backblech heben. Das Eigelb mit 2 EL Wasser verquirlen und die Scones damit bestreichen. Das Gebäck im heißen Ofen in 10–15 Minuten goldbraun backen.

Für kleinere Scones in Brötchenform können auch Kreise (ca. 7 cm Ø), z. B. mit einem Glas, ausgestochen werden. Scones schmecken noch etwas warm am besten.

RHABARBER-BAISER-KUCHEN

Den Backofen auf 170 °C (Umluft) vorheizen. Den Boden der Springform mit Backpapier belegen und dieses mit dem Rand festklemmen. Den Springformrand einfetten.

Den Rhabarber in 1 cm kleine Stücke schneiden. Für den Rührteig die Butter, den Zucker und den Vanillezucker schaumig schlagen. Die Eigelbe langsam unter Rühren dazugeben. Das Mehl mit dem Backpulver mischen und dazusieben, dann die Milch hinzufügen. Alles kurz zu einem gleichmäßigen Teig rühren. Den Teig in die Springform streichen, den Rhabarber darauf verteilen und den Kuchen 25 Minuten im heißen Ofen backen.

In der Zwischenzeit das Eiweiß steif schlagen, dann den Zucker einrieseln lassen und alles zu einer glänzenden Masse weiterschlagen. Den Rührteigboden aus dem Ofen nehmen und den Eischnee in einer wolkigen Struktur darauf verteilen. Den Kuchen weitere 10-15 Minuten auf mittlerer Schiene backen, bis das Baiser zartbraun und knusprig ist. Mit einem Holzspieß eine Garprobe machen und, wenn der Kuchen noch einige Minuten braucht, das Baiser eventuell abdecken, damit es nicht zu dunkel wird. Den Kuchen aus dem Ofen nehmen und auf einem Gitter abkühlen lassen, dann vorsichtig aus der Form lösen.

ZUTATEN FÜR EINE SPRINGFORM (Ø 20 CM)

FÜR DEN TEIG

200 g	geschälter, geputzter Rhabarber
125 g	weiche Butter (Zimmertemperatur)
50 g	heller Rohrohrzucker
1 TL	Bourbon-Vanillezucker
3	Eigelb
150 g	Dinkelmehl, Type 630
1/2 TL	Weinsteinbackpulver
50 ml	Milch

FÜR DAS BAISER

3	Eiweiß
150 g	heller Rohrohrzucker

Backpapier und etwas Butter für die Springform

Als Variante kann der Kuchen zusätzlich mit Sahne und Rhabarberkompott gefüllt werden. Für einen Blechkuchen die Zutatenmengen verdoppeln. Dabei kann der Rührteig ohne Vorbacken mit dem Baiser bestrichen werden, da der Teig auf dem Blech dünner ist als in der Springform. Die Backzeit für das Blech beträgt ca. 30 Minuten.

MARINIERTER RHABARBER

MIT ERDBEEREN, STREUSELN UND PARFAIT

ZUTATEN FÜR EINE KASTENFORM

FÜR DAS RHABARBERPARFAIT

200 g	Rhabarber
1/2	Vanilleschote
50 g	heller Rohrohrzucker
100 ml	Portwein
1 Scheibe	Ingwer
1/2 TL	abgeriebene Schale einer unbehandelten Zitrone
1	Eigelb
1	Ei
50 g	gesiebter Puderzucker
200 ml	Sahne

FÜR DIE STREUSEL

90 g	Butter
150 g	Dinkelmehl, Type 630
75 g	heller Rohrohrzucker
1 Prise	Meersalz

FÜR DEN MARINIERTEN RHABARBER MIT ERDBEEREN

1 kg	Rhabarber
350 g	Erdbeeren
150 g	heller Rohrohrzucker
150 ml	Wasser
2 TL	Speisestärke

Frischhaltefolie für die Kastenform
Backpapier für das Backblech

Für das Parfait den Rhabarber waschen, schälen, die Enden abschneiden und den Rhabarber in kleine Stücke scheiden. Die Vanilleschote mit einem scharfen Messer längs aufschneiden und das Mark herauskratzen. Den Zucker in einem Topf hellgelb karamellisieren lassen und den Rhabarber dazugeben. Mit dem Portwein ablöschen, den Ingwer, die Zitronenschale sowie das Vanillemark und die Vanilleschote hinzufügen. 10 Minuten köcheln lassen, dann den Ingwer entfernen und den Rhabarber abkühlen lassen. Das Eigelb, das Ei und den Puderzucker in einer Metallschüssel über einem heißen Wasserbad unter ständigem Rühren cremig schlagen, anschließend die Creme in eine kalte Schüssel füllen und abkühlen lassen. Die Sahne steif schlagen. Den abgekühlten Rhabarber unter die Creme ziehen und die Sahne unterheben.
Die Masse in eine mit Frischhaltefolie ausgelegte Kastenform füllen und für mindestens 4 Stunden in den Tiefkühler stellen.

Den Ofen auf 160 °C (Umluft) vorheizen. Ein Backblech mit Backpapier auslegen. Für die Streusel die Butter in einem kleinen Topf schmelzen. Das Mehl, den Zucker und das Salz in eine Schüssel geben, die Butter dazugießen und alles mit einem Knethaken in der Küchenmaschine zu Streuseln verarbeiten. Die Streusel auf dem Backblech ausbreiten und im heißen Ofen in 8–10 Minuten goldbraun backen. Danach auf einem Teller abkühlen lassen.

Für die marinierten Früchte den Rhabarber waschen, putzen und schälen. Die Erdbeeren ebenfalls waschen und entstielen. 100 g davon würfeln, den Rest halbieren. 500 g Rhabarber in kleine Stücke schneiden, mit 75 g Zucker und 150 ml Wasser in einem Topf mischen und die gewürfelten Erdbeeren dazugeben. Alles langsam aufkochen und 3–4 Minuten sprudelnd kochen, dann den Herd ausschalten und die Früchte im Topf 30 Minuten ziehen lassen. Die Rhabarber-Erdbeer-Mischung auf einem Sieb abtropfen lassen, das Fruchtfleisch sanft ausdrücken und den Saft dabei auffangen. Den restlichen Rhabarber in 2 cm lange Stücke schneiden und mit den restlichen 75 g Zucker und dem aufgefangene Rhabarbersaft in einem Topf aufkochen. Relativ weich garen, er sollte jedoch nicht zerfallen! Die Stärke mit 1 EL Wasser vermengen, zum Rhabarber rühren und die halbierten Erdbeeren unterheben. Alles abkühlen lassen.

Den marinierten Rhabarber auf Desserttellern anrichten, mit den Streuseln bestreuen und mit jeweils einer Nocke Rhabarberparfait servieren.

RHABARBERTARTE

MIT VANILLECREME

ZUTATEN FÜR EINE TARTEFORM (36 X 12 CM ODER Ø 28 CM)

FÜR DEN TEIGBODEN

250 g	Dinkelmehl, Type 630
70 g	heller Rohrohrzucker
150 g	Butter
1	Ei
1 Pck.	Bourbon-Vanillezucker
1 Prise	Meersalz
1/2	abgeriebene Schale von unbehandelten Zitrone

FÜR DEN BELAG

500 g	Rhabarber
200 g	Tiefkühl-Himbeeren
150 g	gesiebter Puderzucker

Für den Teigboden alle Zutaten mit einer Küchenmaschine zu einem glatten Mürbeteig verkneten. Den Teig abgedeckt im Kühlschrank 1 Stunde kühl stellen.

Für den Belag den Rhabarber waschen und putzen. Dafür die Enden abschneiden, die Stangen schälen und je nach Tarteform in gleich große Stücke schneiden. Die Himbeeren mit dem Puderzucker in einem Topf aufkochen, 2 Minuten köcheln lassen und anschließend durch ein Sieb streichen. Das Himbeerpüree zusammen mit dem Rhabarber in einen Gefrierbeutel füllen. Einen kleinen Topf mit Wasser zum Kochen bringen. Den Beutel hineinhängen und den Rhabarber im leicht köchelnden Wasser in ca. 10 Minuten weich garen. Anschließend den Gefrierbeutel in kaltem Wasser abkühlen lassen.

Die Tarteform mit etwas Butter einfetten. Den Mürbeteig auf einer leicht bemehlten Arbeitsfläche ca. 3 mm dick ausrollen. Mit einer Palette den Teig in die Tarteform legen, den Rand andrücken und den überstehenden Teig abschneiden. Den Boden mit einer Gabel mehrmals einstechen. Die Form im Gefrierfach oder im Kühlschrank kühlen, bis der Teig kalt und fest ist.

In der Zwischenzeit den Backofen auf 180 °C (Umluft) vorheizen. Den Mürbeteigboden auf der mittleren Schiene im heißen Ofen in ca. 20 Minuten goldbraun backen. Dann auskühlen lassen, vorsichtig aus der Form nehmen und auf eine Kuchenplatte setzen.

Für die Vanillecreme 3 EL Milch in eine Schüssel geben und das Puddingpulver damit anrühren. Den Rest der Milch aufkochen lassen. Das angerührte Pulver hinzugeben, die Creme unter ständigem Rühren 30 Sekunden köcheln, dann vom Herd nehmen und abkühlen lassen.

Den Mascarpone mit dem etwas abgekühlten Vanillepudding zu einer glatten Creme verrühren. Die Gelatine ca. 5 Minuten in kaltem Wasser einweichen. 1 EL Sahne in einen kleinen Topf geben. Die restliche Sahne steif schlagen. Anschließend die Gelatine ausdrücken, in der Sahne etwas erwärmen und auflösen, dann unter die Vanillecreme ziehen. Zuletzt die geschlagene Sahne unter die Vanillecreme heben.

Den Rhabarber aus dem Gefrierbeutel in ein Sieb geben und den Sud in eine Schüssel abtropfen lassen. Den Tarteboden gleichmäßig mit der Vanillecreme füllen und mit den Rhabarberstreifen belegen.

Die Tarte schmeckt auch mit frischen Erdbeeren, Himbeeren oder anderen sonnigen Früchten belegt herrlich.

FÜR DIE VANILLECREME

300 ml	Milch
1 Pck.	Vanillepuddingpulver
100 g	Mascarpone
2 Blatt	Gelatine
100 ml	Sahne
etwas	Butter für die Tarteform
etwas	Dinkelmehl für die Arbeitsfläche

RHABARBERTARTE

HEUTE LADEN WIR
ZU EINER TEEZEIT IN UNSEREN
VERWUNSCHENEN ROSENGARTEN EIN.

WILLKOMMEN IM ROSENGARTEN

ROSIGE ZEITEN

ROSENGARTEN

Die Rosen blühen! Wir laden zu Tee und Gartengesprächen, denn wir lieben die Tradition des offenen Gartens. Welch ein Vergnügen, welch eine Schwärmerei für alle Greenfingers.

„Haben wir genügend Teetassen?“ „Wäre der Tisch dort drüben nicht besser?“ „Könntest du mir bitte helfen, die Erdbeeren vorzubereiten?“ Im Vorübergehen spielen wir uns temporeich die Fragen zu. Es herrscht eine Betriebsamkeit, als wären wir gerade mitten in einer Filmszene für Downton Abbey. Ich stelle mir dabei lachend Mrs. Patmore vor, die aufgeregte, rotwangige Köchin, die stets kurz vor der Ohnmacht steht, bevor die große Gesellschaft eintrifft. Nun, wir sind am Abend auch alle geschafft, als das letzte Kuchenblech aus dem Ofen kommt, die Tische geordnet sind und die Wiese gemäht ist.

Am nächsten Morgen sind die Anstrengungen des Vortags vergessen. Leichtfüßig sammeln wir noch Rosenblüten, um sie im Eingangsbereich als blumigen Empfang zu streuen. Jeder steckt sich eine Rosenblüte ins Knopfloch, ein schönes Accessoire für diesen Tag. Pünktlich erscheinen die ersten Besucher. „Herzlich willkommen im Garten von Hazelnut House!“ rufe ich den Ankommenden fröhlich entgegen. Strohhüte, Gummistiefel, Wachsjacken und Tweedwesten gehören zum selbst gewählten Dresscode an solchen Tagen. Notizblöcke werden gezückt, um fachliche Tipps oder besondere Namen festzuhalten. „Wie war noch mal der Name dieser aprikotfarbenen Schönheit? Alchymist?“ und „Welche Rose blüht hier als dichte Hecke?“ tönt es aus der interessierten Gästeschar.

Beim gemeinsamen Spaziergang durch den Garten beginne ich zu erzählen: von den historischen Rosensorten, wie der einfach blühende Apothekerrose oder der dicht gefüllten, stark duftenden Bourbonrose „Souvenir de la Malmaison“ aus dem Jahr 1843. Und ich schwärme von der Edelrose „Gloria Dei“ im Vorgarten des Hauses. Sie stammt von dem französischen Rosenzüchter Francis Meilland und zählt bis heute zu den weltweit beliebtesten Rosensorten.

Ich schneide einzelne Rosen ab, reiche sie als Souvenir weiter und eröffne die Teezeit im Garten. Tassengeklapper ist zu hören. Wie schön – unsere Wiese wird zum geselligen Rosensalon.

BISKUITROULADE

MIT ERDBEEREN UND KANDIERTEN ROSENBLÜTEN

ZUTATEN FÜR EINE ROULADE

FÜR DEN BISKUIT

5	Eier
1 Prise	Meersalz
100 g	heller Rohrohrzucker
4 EL	neutrales Öl
150 g	Dinkelmehl, Type 630
1 TL	Weinsteinbackpulver

FÜR DIE FÜLLUNG

500 g	frische Erdbeeren
250 ml	Sahne
250 g	Mascarpone
2 Pck.	Bourbon-Vanillezucker

ZUM BESTÄUBEN

150 g	gesiebter Puderzucker

ZUM VERZIEREN

essbare Blüten (siehe Seite 33) und kandierte Rosenblüten (siehe Seite 37)

	Backpapier für das Backblech
etwas	feiner Zucker zum Einrollen

Den Backofen auf 180 °C (Umluft) vorheizen. Die Eier trennen. Das Eiweiß mit dem Salz zu Eischnee schlagen. Den Zucker einrieseln lassen und weiterrühren, bis eine glänzende Masse entstanden ist. Dann nach und nach unter Rühren erst die Eigelbe und schließlich in einem feinen Strahl das Öl dazugeben. Das Mehl mit dem Backpulver vermengen und schrittweise in den Teig sieben. Mit einem Schneebesen das Mehl vorsichtig unterheben.

Ein Backblech mit Backpapier auslegen. Den Teig mit einem Spatel gleichmäßig auf dem Blech verteilen und 12–15 Minuten auf mittlerer Schiene im heißen Ofen goldbraun backen. Ein Geschirrtuch mit etwas feinem Zucker bestreuen. Den Teig auf das Tuch stürzen und vorsichtig einrollen. In dem Handtuch abkühlen lassen.

Inzwischen für die Füllung die Erdbeeren putzen und in kleine Würfel schneiden. Die Sahne steif schlagen, den Mascarpone und den Vanillezucker dazugeben und unterrühren.

Den abgekühlten Biskuit vorsichtig auseinanderrollen, die Creme darauf verteilen, mit den Erdbeeren bestreuen und wieder zusammenrollen. Mit Puderzucker bestäuben und mit Blüten und kandierten Rosenblüten verzieren.

ERDBEER-FRISCHKÄSE-TORTE

Den Boden der Springform mit Backpapier auslegen und mit dem Rand der Form festklemmen. Überstehendes Papier abschneiden. Den Rand mit Butter einfetten und leicht bemehlen. Für den Mürbeteig alle Zutaten mit der Küchenmaschine oder mit der Hand rasch zu einem glatten Teig kneten und diesen gleichmäßig flach in die Form drücken. Den Teig mit einer Gabel mehrmals einstechen, die Form abdecken und im Kühlschrank oder in der Tiefkühltruhe kalt stellen, bis der Boden fest ist.

In der Zwischenzeit den Backofen auf 175 °C (Umluft) vorheizen. Den Mürbeteigboden ca. 20 Minuten im heißen Ofen auf der mittleren Schiene goldbraun vorbacken.

Währenddessen für den Biskuit die Eier trennen. Das Eiweiß mit dem Salz steif schlagen. Den Zucker einrieseln lassen und weiterschlagen, bis die Masse glänzt. Nach und nach unter Rühren die Eigelbe hinzufügen, dann das Öl in einem feinen Strahl dazugießen und unterquirlen. Das Mehl, die Mandeln und das Backpulver vermengen und vorsichtig unterheben. Die Masse auf den Teig in der Springform gießen, die Oberfläche glatt streichen und mit den Mandelblättchen und dem Rohrohzucker bestreuen. Auf mittlerer Schiene ca. 35 Minuten im heißen Ofen goldgelb backen. Danach auf einem Gitter abkühlen lassen und aus der Form und vom Backpapier lösen.

Die Torte zweimal quer durchschneiden. Den untersten Boden vorsichtig auf eine Tortenplatte legen. Die Sahne steif schlagen. Den Vanille- und den Puderzucker mit dem Frischkäse verrühren und die steife Sahne unterheben. Die Erdbeeren waschen, putzen und in kleine Würfel schneiden. Die Hälfte der Creme auf den Tortenboden streichen, die Hälfte der Erdbeerwürfel darauf verteilen. Den mittleren Boden vorsichtig aufsetzen, mit der restlichen Creme bestreichen und mit den übrigen Erdbeeren bestücken. Das Oberteil darauflegen und leicht andrücken. Die Torte mit dem Puderzucker bestäuben und mit den Blüten verzieren.

Die Torte kann – je nach Jahreszeit – auch mit anderen Beeren und Früchten gefüllt werden.

ZUTATEN FÜR EINE SPRINGFORM (Ø 26 CM)

FÜR DEN MÜRBETEIG

- 100 g kalte Butter
- 40 g heller Rohrohrzucker
- 150 g Dinkelmehl, Type 630
- 1 Prise Meersalz
- abgeriebene Schale von 1/2 unbehandelten Zitrone

FÜR DEN BISKUIT

- 5 Eier
- 1 Prise Meersalz
- 100 g heller Rohrohrzucker
- 4 EL neutrales Pflanzenöl
- 100 g Dinkelmehl, Type 630
- 50 g gemahlene, geschälte Mandeln
- 1 TL Weinsteinbackpulver
- 15 g Mandelblättchen
- 1 TL heller Rohrohrzucker

FÜR DIE FÜLLUNG

- 400 ml Sahne
- 1 Pck. Bourbon-Vanillezucker
- 150 g gesiebter Puderzucker
- 200 g Doppelrahmfrischkäse
- 300 g Erdbeeren

ZUM BESTÄUBEN UND VERZIEREN

- etwas Puderzucker
- ein paar unbehandelte Rosenblüten

Backpapier und etwas Butter sowie Dinkelmehl für die Form

CANTUCCINI

CANTUCCINI

MIT GETROCKNETEN APRIKOSEN UND ROSENBLÜTEN

ZUTATEN
FÜR CA. 35 STÜCK

40 g	Mandeln
50 g	ungeschwefelte getrocknete Aprikosen
300 g	Dinkelmehl, Type 630
1/2 TL	Weinsteinbackpulver
90 g	heller Rohrohrzucker
1/2	frisch geriebene Tonkabohne
20 g	getrocknete Rosenblüten
1 kl. Prise	Meersalz
2	Eier, Gewichtsklasse S
3	Tropfen Vanilleöl oder -aroma
1-2 EL	Orangenlikör oder Orangensaft
	Backpapier für das Backblech
etwas	Dinkelmehl für die Arbeitsfläche

Den Backofen auf 160 °C (Umluft) vorheizen. Ein Backblech mit Backpapier auslegen. Die Mandeln grob hacken. Die Aprikosen fein schneiden. Das Mehl mit dem Backpulver vermengen und in eine Schüssel sieben. Alle trockenen Zutaten hinzufügen. Die Eier mit dem Vanilleöl oder -aroma verquirlen und unter die Masse arbeiten. Je nach Konsistenz 1-2 EL Orangenlikör oder Orangensaft hinzufügen.

Auf einer leicht bemehlten Arbeitsfläche den Teig in 10 cm breite, fingerdicke Platten ausrollen. Diese auf das Backblech legen und im heißen Ofen 15-20 Minuten anbacken. Die Platten herausnehmen, etwas abkühlen lassen, dann in 1,5 cm breite Streifen schneiden und wieder auf dem Blech verteilen. Den Ofen auf 120 °C (Umluft) zurückschalten und die Cantuccini weitere 20-25 Minuten im Ofen trocknen lassen.

Das fertige Gebäck aus dem Backofen nehmen und auf einem Kuchengitter auskühlen lassen.

Damit sie lange knusprig bleiben, die Cantuccini in einer gut schließenden Keksdose aufbewahren.

PISTAZIENTÖRTCHEN

MIT ROSENWASSER

Den Ofen auf 160 °C (Umluft) vorheizen. Den Boden einer Springform mit Backpapier auslegen und dieses mit dem Rand der Form festklemmen. Überstehendes Papier abschneiden, den Springformrand mit Butter einfetten und leicht bemehlen.

Die Butter mit dem Zucker zu einer hellen Creme aufschlagen. Die Eier in einer Schüssel verquirlen und nach und nach in die Creme rühren. Das Rosenwasser sowie die Orangenschale und den Orangensaft hinzufügen und unterrühren. Das Mehl sieben, mit den gemahlenen Pistazien und Mandeln vermengen, unter die feuchte Mischung heben und alles rasch zu einem glatten Teig verrühren. In die Springform füllen und 50 Minuten im heißen Ofen backen. Den Kuchen mit Backpapier abdecken und weitere 10 Minuten backen. Anschließend auf einem Gitter abkühlen lassen.

Für die Glasur die Butter mit dem Puderzucker schaumig schlagen, dann die Zitronenschale und den Zitronensaft unterrühren.

Den Kuchen mit einem kleinen Messer aus der Springform lösen, mit der Glasur bestreichen und dekorativ mit den Rosenblüten und den gehackten Pistazien verzieren.

ZUTATEN FÜR EINE SPRINGFORM (Ø 20 CM)

FÜR DEN TEIG

250 g weiche Butter (Zimmertemperatur)
80 g heller Rohrohrzucker
3 Eier
2 EL Rosenwasser
abgeriebene Schale und Saft von
1 unbehandelten Orange
70 g Dinkelmehl, Type 630
100 g gemahlene Pistazienkerne
100 g gemahlene Mandeln

FÜR DIE GLASUR

130 g weiche Butter (Zimmertemperatur)
140 g Puderzucker
abgeriebene Schale und Saft von
1 unbehandelten Zitrone

ZUM DEKORIEREN

10 g unbehandelte Rosenblüten
10 g gehackte Pistazienkerne

Backpapier und etwas Butter sowie Dinkelmehl für die Form
Backpapier zum Abdecken

PISTAZIENTÖRTCHEN

RHABARBER-ROSEN-BOWLE

ZUTATEN
FÜR CA. 2,5 L BOWLE

40	kleine Erdbeeren
1 l	Rhabarbersaft
80 ml	Limettensaft
100 ml	Rosensirup (siehe Rezept unten)
600 ml	trockener Weißwein
750 ml	rosa Crémant
2 Handv.	unbehandelte Rosenblütenblätter

Eiswürfelbehälter

Für die Eiswürfel die Erdbeeren waschen und die Stiele entfernen. Größere Erdbeeren halbieren oder in kleine Würfel schneiden. Die vorbereiteten Erdbeeren in die Kästchen eines Eiswürfelbehälters geben und diese mit Wasser auffüllen. Die Erdbeereiswürfel einige Stunden im Tiefkühler gefrieren lassen.

Für die Bowle den Rhabarbersaft, den Limettensaft, den Rosensirup und den Weißwein mischen und anschließend kühl stellen. Kurz vor dem Servieren mit dem Crémant aufgießen und mit den Erdbeereiswürfeln und den Rosenblüten servieren.

ROSENSIRUP

ZUTATEN
FÜR CA. 400 ML

500 ml	Wasser
300 g	heller Rohrohrzucker
1	unbehandelte Zitrone
3 Handv.	Rosenblüten

Das Wasser mit dem Zucker in einen Topf geben, aufkochen und 2 Minuten sprudelnd kochen, bis sich der Zucker aufgelöst hat. Den Saft der Zitrone auspressen. Die Schale der Zitronenhälften in Streifen schneiden. Die Rosenblüten und den Zitronensaft zum Zuckerwasser geben und alles 3 Minuten bei niedriger Temperatur weiterköcheln. Die Zitronenschale dazugeben und den Sirup 20 Minuten bei ausgeschaltetem Herd ziehen lassen.

Die Flüssigkeit erneut aufkochen, dann durch ein feines Sieb abgießen. Den Sirup in eine sterilisierte Flasche füllen, diese sofort verschließen und für 10 Minuten auf den Kopf stellen. Die Flasche nach dem Auskühlen im Kühlschrank aufbewahren.

Am besten rote Rosenblüten verwenden – sie geben dem Sirup einen sehr schönen, intensiven Rotton!

RHABARBER-ROSEN-BOWLE

DAS GARTENFEST

AUS: „DAS GARTENFEST"
VON KATHERINE MANSFIELD (1888–1923)

„Und das Wetter war schließlich ideal.
Auch auf Bestellung hätte der Tag für ein
Gartenfest nicht schöner sein können.
Windstill, warm, keine Wolke am Himmel.
Nur das Blau war, wie manchmal im
Frühsommer, von einem leichten Goldschleier
verhangen. Seit dem Morgengrauen war der
Gärtner auf den Beinen, mähte und säuberte
den Rasen, bis das Gras und die dunklen flachen
Rosetten, wo die Maßliebchen gewesen waren,
zu glänzen schienen. Was die Rosen betrifft,
so hatte man das Gefühl, sie wüssten,
dass Rosen die einzigen Blumen sind, die auf
Gartenfesten wirken, die einzigen Blumen,
die jeder mit Sicherheit kennt. Hunderte,
ja buchstäblich Hunderte waren in
einer einzigen Nacht aufgebrochen;
die grünen Büsche neigten sich, als ob
ein Erzengel sie besucht hätte."

BANANEN-KARAMELL-TARTE

MIT SÜSSEN FRÜCHTCHEN

ZUTATEN FÜR EINE GROSSE TARTEFORM (Ø 28 CM) ODER CA. 15 KLEINE TÖRTCHEN

FÜR DEN MÜRBETEIG

280 g	Dinkelmehl, Type 630
100 g	Puderzucker
175 g	kalte Butter
1	Ei
1 Prise	Meersalz
	abgeriebene Schale von
1	unbehandelten Zitrone

FÜR DAS BANANENKARAMELL

2	reife Bananen
100 ml	Milch
4 EL	heller Rohrohrzucker

FÜR DEN BELAG

500 ml	Sahne
1 Pck.	Bourbon-Vanillezucker
500 g	frische Früchte, z. B. Erdbeeren, Heidelbeeren, Himbeeren, Johannisbeeren

ZUM BESTÄUBEN

etwas	Puderzucker
etwas	Butter und Dinkelmehl für die Tarteform
etwas	Dinkelmehl für die Arbeitsfläche

Eine Tarteform mit etwas Butter einfetten und mit Mehl ausstäuben. Für den Mürbeteig alle Zutaten rasch mit der Hand oder mit der Küchenmaschine zu einem glatten Teig kneten. Den Teig auf einer bemehlten Arbeitsfläche ca. 3 mm dünn ausrollen, mithilfe einer Palette in die Form legen und andrücken. Den Teig mit der Gabel mehrmals einstechen und für 1 Stunde in den Kühlschrank stellen.

Den Backofen auf 180 °C (Umluft) vorheizen und den Tarteboden 20 Minuten im heißen Ofen backen.

Für das Karamell die Bananen schälen und mit der Milch pürieren. Den Zucker in einer Pfanne mit 1 EL Wasser karamellisieren. Die Bananenmilch dazugeben, die Masse gut verrühren und einmal aufkochen. Dann vom Herd ziehen und abkühlen lassen.

Für den Belag die Sahne mit dem Vanillezucker steif schlagen. Die Früchte waschen, wenn nötig putzen und klein schneiden.

Zum Servieren die Tarte mit dem Bananenkaramell bestreichen, darauf die Sahne verteilen und diese mit den frischen Früchten belegen. Mit dem Puderzucker bestäuben.

Anstelle einer großen Tarte können auch kleine Törtchen in einem Muffinblech gebacken und dann wie die Tarte mit Karamell, Sahne und Früchten belegt werden. Die gebackenen Törtchenböden halten sich luftdicht verschlossen in einer Dose mehrere Tage und können dann für spontanen Besuch frisch belegt werden.

FROZEN YOGURT

MIT RHABARBER UND HIMBEEREN

ZUTATEN
FÜR EINE KASTENFORM

250 g	Tiefkühl-Himbeeren
250 g	Puderzucker
1/2	Vanilleschote
600 g	Rhabarber
150 g	heller Rohrohrzucker
600 g	Sahnejoghurt
5 EL	Rosenwasser

Frischhaltefolie
für die Kastenform

Die Tiefkühl-Himbeeren in einen Topf geben. Den Puderzucker sieben. Die Vanilleschote längs halbieren und auskratzen. Das Mark sowie die Schote mit 125 g Puderzucker zu den Himbeeren geben. Die Beeren auf dem Herd einige Minuten köcheln und dann im Topf auskühlen lassen. Den Backofen auf 180 °C (Umluft) vorheizen.

Währenddessen den Rhabarber waschen, die Schale abziehen, die Enden abschneiden und die Stangen in kleine Würfel schneiden. Den Rhabarber mit dem Rohrohrzucker vermischen, auf einem Backblech oder in einer ofenfesten Form verteilen und im heißen Ofen 20–25 Minuten weich garen. Dann abkühlen lassen.

Die Himbeeren durch ein Sieb streichen, sodass die Kerne darin hängenbleiben. Das Himbeerpüree vorsichtig mit den gegarten Rhabarberwürfeln vermengen.

Den Sahnejoghurt in eine Schüssel geben und mit dem restlichen Puderzucker sowie dem Rosenwasser verrühren. Die Masse für 45 Minuten in den Tiefkühler geben und anfrieren lassen. Eine Kastenform gleichmäßig mit Frischhaltefolie auslegen.

Die angefrorene Joghurtmasse kräftig umrühren und die Hälfte davon in der Kastenform verstreichen. Die Hälfte der Rhabarbermasse darauf verteilen. Ein Holzstäbchen spiralförmig durch beide Schichten ziehen, sodass sie sich dekorativ vermischen. Mit der nächsten Joghurt- und Rhabarberschicht genauso verfahren.
Die Kastenform mit Frischhaltefolie abdecken und für mindestens 1 1/2 Stunden in den Tiefkühler stellen.

Zum Servieren den Frozen Yogurt mit der Frischhaltefolie aus der Kastenform heben und in dicke Scheiben geschnitten servieren.

AN DEN WIESENRÄNDERN
BLÜHEN MARGERITEN, ROTER MOHN
UND KORNBLUMEN.

WIR FEIERN MITTSOMMER

ES IST JUNI!

MITTSOMMER

Im Garten blüht die herrliche Mischung aus Blumen, die wir im Frühling für die Bienen, Hummeln und Schmetterlinge ausgesät haben – ein kleines Blühwunder auf wenigen Quadratmetern.

Ein noch größeres Wunder sind die langen Blühstreifen, die jetzt glücklicherweise immer öfter die landwirtschaftlichen Nutzflächen flankieren: blaue Kornblumen, roter Klatschmohn, weiße Lichtnelken und dazwischen wilder Klee. Von weitem wirken die Blütenfarben wie bunte Stoffbänder, die durch die Felder gewebt sind. Sie strahlen eine Heiterkeit aus, die zu unserer Vorfreude passt.

Es ist Mittsommer, die Zeit der Sommersonnenwende, und wir wollen mit Freunden den längsten Tag des Jahres feiern. Inspiriert vom schwedischen Brauchtum eröffnen wir am Nachmittag unser Feld- und Wiesenatelier. Hier flechten wir aus gesammelten Feldblumen und Gräsern den schönsten Haarschmuck, helfen uns gegenseitig, erzählen dabei Geschichten und lassen uns einfach treiben. Am liebsten würden wir diesen Moment für immer festhalten. Doch es wird Zeit für unsere lange Tafel unter freiem Himmel! Die einfachen Gerichte aus der skandinavischen Sommerküche lassen sich wunderbar für eine große Runde vorbereiten. Köttbullar, die kleinen schwedischen Frikadellen, sind schnell mit den Händen gerollt. Kurz vor dem Servieren schiebe ich sie noch einmal in den Ofen, denn leicht warm sind sie perfekt. Zu meinen Lieblingsgerichten für dieses nordische Fest gehört außerdem zarter Matjes mit kleinen Kartoffeln und einer erfrischenden Schmandsauce.

Als wir schließlich die gefüllten Schüsseln aus dem Haus nach draußen tragen, ist es der Auftakt eines langen kulinarischen Abends. In die Zweige der Apfelbäume haben wir weiße Lampions gehängt. Wie leuchtende Monde schaukeln sie leicht im Abendwind. Irgendwann drängen die Kinder darauf, endlich das Lagerfeuer zu entzünden. Pullover werden über die Sommerkleider gezogen und wir rücken enger zusammen unter dem Sternenhimmel der Mittsommernacht.

KRÄNZE BINDEN

An den Wiesenrändern blühen nun Kamille, Schafgarbe, Kornblumen, Margeriten, Getreide, Oregano und Phacelia. Ich schneide sie frühmorgens und stelle sie an einem schattigen Platz in mit Wasser gefüllte Zinkwannen. So halten sie sich am besten. Katzenminze und Frauenmantel aus dem Garten sind ebenfalls wunderbar für Kränze geeignet.

Die Blütenzweige auf eine Länge von 5 cm abschneiden. Zu Beginn ein kleines Büschel aus ca. 6 verschiedenen Blütenstängeln mit feinem Blumendraht (0,35 mm Durchmesser) umwickeln. Nun ein weiteres Blütenbündel so anlegen, dass der Draht verdeckt wird. Auf diese Weise weiterbinden, bis der Kranz die gewünschte Größe erreicht hat. Zum Schluss die Enden übereinanderlegen und miteinander verdrahten.

SCHWEDISCHE CINNAMON BUNS

ZUTATEN FÜR 12 STÜCK

FÜR DEN TEIG

500 g	Dinkelmehl, Type 630
1/4 TL	Meersalz
1 TL	Kardamomsamen
50 g	weiche Butter (Zimmertemperatur)
15 g	frische Hefe
60 g	heller Rohrohrzucker
300 ml	lauwarme Milch
1	Eigelb

FÜR DIE FÜLLUNG

75 g	weiche Butter (Zimmertemperatur)
60 g	heller Rohrohrzucker
2 geh. TL	gemahlener Ceylon-Zimt
1 Prise	Meersalz

ZUM BESTREICHEN UND VERZIEREN

1	Eiweiß
12	Mandeln
1 1/2 TL	Kardamomsamen
etwas	Ahornsirup
	Backpapier für das Backblech
etwas	Dinkelmehl für die Arbeitsfläche

Das Mehl mit dem Salz in eine große Schüssel geben, vermengen und in die Mitte eine Mulde drücken. Die Kardamomsamen im Mörser zerstoßen und zum Mehl geben. Auf dem Mehlrand die Butter in Flöckchen verteilen. Die Hefe mit dem Rohrohrzucker in der Milch auflösen, dann das Eigelb unterrühren. Die Hefemilch nach und nach zum Mehl in die Schüssel geben und die Zutaten mit der Küchenmaschine oder mit der Hand zu einem glatten Teig kneten. Den Teig mit einem sauberen Küchentuch abdecken und an einem warmen Ort 1 Stunde gehen lassen.

In der Zwischenzeit für die Füllung die Butter mit dem Rohrohrzucker, dem Zimt und dem Salz mit den Quirlen des Handrührgerätes verrühren. Ein Backblech mit Backpapier auslegen.

Die Arbeitsfläche mit etwas Mehl bestäuben. Den Hefeteig noch einmal in der Schüssel durchkneten. Danach zu einem 3–5 mm dicken und 18 cm breiten Rechteck ausrollen. Das Rechteck in der Mitte der langen Seite teilen. Die weiche Zimtbutter mit einem Messer auf der einen Hälfte verstreichen und mit der anderen Teighälfte bedecken. Die 18 cm breite Teigbahn in zwölf ca. 1,5 cm breite, lange Streifen schneiden.

Jeden Streifen zunächst dreimal um die mittleren drei Finger wickeln. Das Knäuel vorsichtig abnehmen, um 45 Grad drehen und wieder dreimal wie ein Wollknäuel umwickeln. Das Drehen um 45 Grad und das Wickeln so lange wiederholen, bis der Teigstreifen aufgebraucht ist (siehe Abbildungen unten). Die gewickelten Zimtbrötchen auf das Backblech setzen, mit einem sauberen Küchentuch abdecken und 1–2 Stunden gehen lassen.

In der Zwischenzeit den Backofen auf 200 °C (Umluft) vorheizen. Auf den Boden des Backofens eine kleine feuerfeste Form mit Wasser stellen. Die aufgegangenen Buns mit dem Eiweiß bestreichen. In die Mitte nach Belieben jeweils 1 Mandel drücken und/oder die Buns mit ein paar Kardamomsamen bestreuen.
In 20 Minuten auf der mittleren Schiene im heißen Ofen goldgelb backen. Die Zimtbrötchen noch heiß mit dem Ahornsirup bestreichen und auf einem Kuchengitter abkühlen lassen.

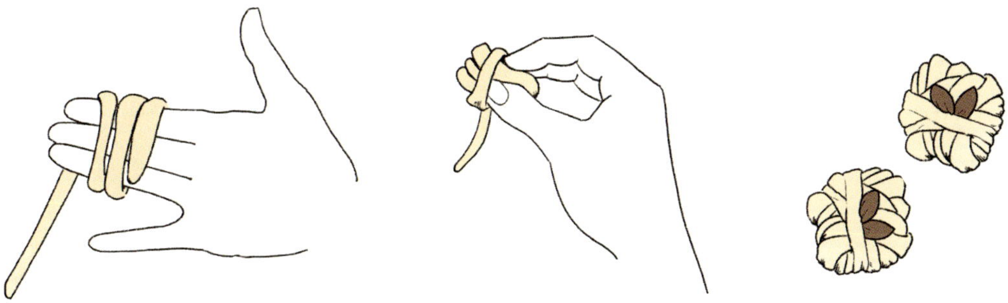

Die Cinnamon Buns gehören zum Mittsommerfest unbedingt dazu!

IM BILD LINKS: SCHWEDISCHE CINNAMON BUNS

WARMES KÄSEGEBÄCK

MIT ESSBAREN BLÜTEN

Die Butter in kleine Würfel schneiden. Das Ei trennen. Das Mehl, die Butter, den Gruyère, das Eigelb, das Salz, den Cayennepfeffer sowie den Pfeffer aus der Mühle in eine Schüssel geben. Alles mit den Händen oder den Knethaken einer Küchenmaschine rasch zu einem glatten Teig verkneten. Den Teig zu einer Kugel formen und abgedeckt etwa 30 Minuten im Kühlschrank ruhen lassen.

Ein Backblech mit Backpapier auslegen. Den Teig auf einer bemehlten Arbeitsfläche mit einem Nudelholz etwa 3 mm dick ausrollen. Mit einem runden Ausstechförmchen kleine Taler aus dem Teig ausstechen und diese auf das Backblech legen. Das Käsegebäck mit dem Eiweiß bestreichen, mit den Blütenblättern belegen und diese ebenfalls mit etwas Eiweiß bestreichen. Auf dem Blech im Kühlschrank weitere 30 Minuten ruhen lassen, das macht das Gebäck besonders knusprig.

In der Zwischenzeit den Backofen auf 180 °C (Umluft) vorheizen. Das Käsegebäck im heißen Ofen auf der mittleren Schiene 7-8 Minuten goldbraun backen und noch warm genießen.

ZUTATEN FÜR CA. 50 STÜCK

90 g	kalte Butter
1	Ei
130 g	Dinkelmehl, Type 630
150 g	geriebener Gruyère
1 Prise	Meersalz
1 Prise	Cayennepfeffer
etwas	frisch gemahlener Pfeffer aus der Mühle
2 EL	essbare Blüten, z. B. Kornblume oder Ringelblume
	Backpapier für das Backblech
etwas	Dinkelmehl für die Arbeitsfläche
	runde Ausstechform (Ø 3,5 cm)

KÖTTBULLAR

ZUTATEN
FÜR 4-6 PERSONEN

1	Scheibe Toast
50 ml	Milch
1	kleine Zwiebel
1/2 Bund	frische Petersilie
1 EL	Olivenöl
1	Ei
etwas	Meersalz
etwas	frisch gemahlener Pfeffer aus der Mühle
etwas	frisch geriebene Muskatnuss
1 gestr. TL	arabische Gewürzmischung
1 TL	scharfer Senf
150 g	gemischtes Hackfleisch
100 g	Rinderhackfleisch
50 g	Weißbrotbrösel

ZUM ANBRATEN

etwas	Olivenöl

ZUM SERVIEREN

1 Glas	Preiselbeermarmelade

Das Toastbrot in feine Würfel schneiden und in der Milch einweichen. Die Zwiebel schälen und fein würfeln. Die Petersilie waschen, trocken schütteln, die Blättchen von den Stielen zupfen und fein hacken.

Das Olivenöl in einer Pfanne erhitzen und die Zwiebelwürfel sowie die gehackte Petersilie darin andünsten. Das Ei mit dem Salz, dem Pfeffer, der Muskatnuss, der Gewürzmischung und dem Senf verquirlen. Das Hackfleisch mit dem Toastbrot, der Petersilien-Zwiebel-Mischung und dem verquirlten Ei in einer Schüssel mit den Händen locker mischen. Die Masse soll eher weich sein, so werden die Hackbällchen schön saftig.

Das Hackfleisch mit angefeuchteten Händen zu 2–3 cm großen Bällchen formen und in den Weißbrotbröseln wälzen. Das Olivenöl in einer Pfanne erhitzen und die Hackbällchen darin bei mittlerer Hitze rundherum braun braten. Die Köttbullar warm mit der Preiselbeermarmelade servieren.

GEBEIZTE LACHSFORELLE

MIT HONIG-SENF-SAUCE

ZUTATEN
FÜR 4 PERSONEN

FÜR DEN GEBEIZTEN FISCH

2	unbehandelte Zitronen
2	unbehandelte Orangen
3	unbehandelte Limetten
100 g	heller Rohrohrzucker
100 g	Meersalz
1 Bund	Dill
5	Wacholderbeeren
1 TL	Szechuan-Pfefferkörner
1 TL	weiße Pfefferkörner
2 TL	Koriandersamen
1 TL	Senfsaat
2	entgrätete Lachsforellenfilets ohne Haut

FÜR DIE HONIG-SENF-SAUCE

4 EL	Honig
5 EL	Dijon-Senf
1/2 TL	Meersalz
1/2 Bund	Dill

ZUM DEKORIEREN

etwas	Dill
	essbare Blüten (siehe Seite 33)

Für die Beize die Schale von allen Zitrusfrüchten abreiben. Mit dem Zucker und dem Salz vermischen. Die Zitronen, Orangen und Limetten in Scheiben schneiden. Den Dill waschen, trocken schütteln und grob hacken.

Eine beschichte Pfanne auf mittlerer Stufe erhitzen. Die Gewürze erwärmen, bis sie anfangen zu duften, danach zur Salz-Zucker-Mischung geben.

Die Lachsforellenfilets quer halbieren und nebeneinander in eine Auflaufform mit hohem Rand legen. Mit der Beize, dem Dill und den Zitrusfrüchtescheiben belegen. Den Fisch abgedeckt ca. 18 Stunden im Kühlschrank marinieren. Dünnere Filets eventuell schon nach 16 Stunden entnehmen. Im Anschluss daran den Fisch mit kaltem Wasser abspülen und trocken tupfen.

Für die Sauce den Honig mit dem Dijon-Senf in einem kleinen Topf aufkochen lassen, das Salz hinzugeben, danach wieder etwas abkühlen lassen. Den Dill waschen, trocken schütteln, ohne Stängel fein schneiden und dazugeben. Zum Servieren die Sauce in eine kleine Schüssel füllen.

Die gebeizten Filets mit einem scharfen Messer schräg in dünne Scheiben schneiden, auf einem Teller anrichten, mit dem Dill und den essbaren Blüten garnieren und mit der Honig-Senf-Sauce servieren.

KALTE GURKENSUPPE

Die Gurken, die Äpfel und den Staudensellerie waschen, putzen und mit der Schale in kleine Würfel schneiden. Die Minze in feine Streifen schneiden. Alles mit dem Joghurt und etwas Salz in einer Schüssel vermengen, mit Klarsichtfolie abdecken und ca. 1 Stunde kühlstellen.

Nach der Kühlzeit alles fein pürieren und durch ein Sieb streichen. Die Suppe mit dem Cayennepfeffer und etwas Salz abschmecken. Nach Belieben kann noch etwas geriebener Meerrettich hinzugefügt werden. Mit den rosa Pfefferkörnern und den Minzeblättchen dekoriert servieren.

ZUTATEN FÜR 4 PERSONEN

2	große Bio-Gartengurken
2	knackige Bio-Äpfel (z. B. Granny Smith)
1	Stange Bio-Staudensellerie
10	große frische Minzeblätter
4 EL	Joghurt
etwas	Cayennepfeffer
etwas	Meersalz
etwas	frisch geriebener Meerrettich nach Belieben

ZUM DEKORIEREN

einige	rosa Pfefferkörner
ein paar	Minzeblättchen

IM BILD LINKS: KALTE GURKENSUPPE

ZITRONENBUTTER

ZUTATEN

500 g	weiche Butter (Zimmertemperatur)
400 g	Crème fraîche
	Zesten von
2	unbehandelten Zitronen
8-12 TL	Zitronensaft
etwas	Fleur de Sel
etwas	frisch geriebener Meerrettich

Alle Zutaten in einem hohen Gefäß mit einem Pürierstab zu einer homogenen Masse verbinden. Die weiche Butter in eine Schüssel streichen, abdecken und im Kühlschrank fest werden lassen.

KRÄUTERBUTTER

ZUTATEN

500 g	weiche Butter (Zimmertemperatur)
2	Knoblauchzehen, geschält und fein gerieben
2 Handv.	Rosmarin, Thymian und Salbei, fein gehackt
etwas	Fleur de Sel

ZUM DEKORIEREN

frische Kräuter nach Belieben

Alle Zutaten mit einer Gabel gleichmäßig verrühren, in eine Schüssel streichen und mit den frischen Kräutern verzieren.

MATJES

MIT ERFRISCHENDEM DILLSCHMAND

Den Schmand in eine Schüssel geben. Den Senf, das Salz, den Pfeffer, das Gurkenwasser und den Zucker hinzufügen und alles glatt rühren. Die Äpfel waschen, vierteln, vom Kerngehäuse befreien und mit den Essiggurken in kleine Würfel schneiden. Den Dill waschen, trocken schütteln, die groben Stiele entfernen und die Blättchen fein schneiden. Die Äpfel, die Essiggurken und den Dill zum Schmand geben und unterrühren.

Die Zwiebeln schälen, halbieren, in dünne Streifen schneiden, kurz blanchieren, kalt abschrecken und unter den Dip mischen. Den Dillschmand 1-2 Stunden im Kühlschrank ziehen lassen und danach auf den Matjesfilets anrichten. Mit dem Dill dekoriert servieren

Dazu passen sehr gut Pellkartoffeln.

ZUTATEN
FÜR 4 PERSONEN

500 g	Schmand
1 TL	Senf
1 gr. Prise	Meersalz
etwas	frisch gemahlener Pfeffer aus der Mühle
6 EL	Essiggurkenwasser
2 Prisen	heller Rohrohrzucker
2	säuerliche Äpfel
2	Essiggurken
1/2 Bund	Dill
2	kleine Zwiebeln
4	Matjesfilets

ZUM DEKORIEREN

etwas	Dill

ERDBEER-TIRAMISU

Die Cantuccini in einen Gefrierbeutel füllen und mit einem Stein oder einem anderen schweren Gegenstand in kleine Stücke klopfen. Die Hälfte der Keksbrösel auf sechs Gläser verteilen und jeweils mit 1 TL Orangenlikör beträufeln.

Die Erdbeeren waschen, putzen und in kleine Stückchen schneiden. Die Vanilleschote mit einem scharfen Messer längs aufschneiden und das Mark herauskratzen. Für die Creme den Joghurt mit der Zitronenschale, dem Zitronensaft, dem Honig und dem Vanillemark verrühren.

Eine Schicht Creme auf den Cantuccini verteilen und diese mit Erdbeeren belegen. Darauf jeweils eine weitere Schicht Cantuccini, Orangenlikör, Creme und Erdbeeren geben. Die fertigen Tiramisu mit Minzeblättern dekorieren.

ZUTATEN FÜR 6 KLEINE GLÄSER À 125 ML

100 g	Cantuccini
12 TL	Orangenlikör
300 g	frische Erdbeeren
1	Vanilleschote
400 g	griechischer Joghurt (10 % Fettanteil)
	abgeriebene Schale von
1/2	unbehandelten Zitrone
2 EL	Zitronensaft
3 EL	Honig

ZUM DEKORIEREN

frische Minzeblätter

UNVERGESSLICHE MOMENTE.

Die Welt von Hazelnut House ist ein magischer Ort für private Events, Taufen und Hochzeiten. Zudem finden regelmäßig Veranstaltungen statt: Theresas mittlerweile legendäre Workshops im Lauf der Jahreszeiten verbinden Gleichgesinnte aus allen Himmelsrichtungen:

Jane Austen Teatime
Flower Beauty - A Workshop for Mother and Daughter
Cooking with Wild Flowers and Herbs
Midsummer Festival
A Culinary Summer Evening
Golden Autumn Leaves and Fire Crackling
Autumn Baking
Christmas Wreath Party

DIE STERNE BETRACHTEN.
ENDLICH WIEDER TIEF SCHLAFEN.

Jeden Morgen begrüßen unsere Gäste den neuen Tag bei einem liebevoll zubereiteten Frühstück, das individuell aus den Zutaten unserer Region zusammengestellt wird.

EIN ORT FÜR NEUE GEDANKEN UND INNOVATIONEN.

Girsterklaus ist ein Kraftort. Nur eine halbe Autostunde von der Metropole Luxemburg entfernt, können Sie hier ungestört tagen und neue Pläne schmieden. Wir bieten die optimalen Räumlichkeiten für Business Retreats und ungestörtes, innovatives Arbeiten.

Kontaktieren Sie uns gerne unter

welcome@hazelnut-house.com

www.hazelnut-house.com

REZEPTE

NACH ALPHABET

REZEPTE

NACH KATEGORIEN

AUS DER SUPPENTERRINE

FÜR DEN KLEINEN HUNGER

VEGETARISCHE HAUPTGERICHTE

HAUPTGERICHTE MIT FISCH UND FLEISCH

HERZHAFTES AUS DEM BACKOFEN

HIMMLISCHE DESSERTS

FÜR DIE KAFFEETAFEL

FRÜHLINGSHAFTES FINGERFOOD

GETRÄNKE

ZUM STREICHEN, TRÄUFELN UND DIPPEN

AUF ZUM FRÜHLINGSPICKNICK

VON BÄRLAUCH UND SPARGEL

ERDBEERLIEBE UND RHABARBERROMANZE

GESCHICHTEN, POESIE UND KREATIVES

FRÜHLINGSHAFTE ERZÄHLUNGEN

GEDICHTE, LIEDER UND ZITATE

BASTELN UND SCHMÜCKEN

TEAM

THERESA BAUMGÄRTNER

Konzept, Texte, Rezepte, Fotos, Foodstyling, Setstyling

Theresa Baumgärtner, 1987 in Hamburg geboren, lebt mit ihrer Familie in Luxemburg. Nach ihrem Masterstudium in Kultur und Wirtschaft folgte sie beruflich ihrem Herzen: Heute ist sie erfolgreiche Kochbuchautorin, schreibt und fotografiert als Kolumnistin für Magazine und arbeitet als freie Moderatorin und Autorin für das Fernsehen. Im Hazelnut House, ihrem Gästehaus im Osten von Luxemburg, zelebriert Theresa Baumgärtner in ihren Workshops eine saisonale und regionale Küche sowie herrlich romantische Dekorationen. Und das Schönste: Sie lädt uns alle auch aus der Ferne dazu ein: Jeden Donnerstagabend um 21 Uhr auf Instagram @hazelnut_house_1851 können wir live dabei sein, wenn die strahlende Gastgeberin zu den Themen Küche, Garten und Tischkultur berichtet. Ihre zauberhaften Weihnachtsbücher wurden bisher über 50.000-mal verkauft.

WWW.THERESASKUECHE.DE
WWW.HAZELNUT-HOUSE.COM

LUCIA BAUMGÄRTNER

Konzept, Texte, Rezepte

1962 in Nordbaden geboren, lebt Lucia Baumgärtner heute südlich von Hamburg und arbeitet seit vielen Jahren als freie Autorin, unter anderem für den NDR. Die Begeisterung für kulinarische Themen trägt sie in ihren Reportagen und Kochbüchern weiter.

ISABELLA KORMANN

Redaktionelle Mitarbeit

Isabella Kormann hat sich mit sehr viel Engagement und Fachwissen bei diesem Buchprojekt eingebracht, vor allem im Bereich Rezeptentwicklung sowie Food- und Setstyling.

WWW.KOCHGEFUHLEKORMANN.DE

HELENA CARENTZ

Redaktionelle Mitarbeit

Helena Carentz hat die Entstehung dieses Buches mit viel Kreativität, Teamgeist und einem großen Talent für Fotografie unterstützt.

WWW.CARENTZFOTOGRAFIE.DE

CLAUDIA TIMMANN

Fotografie

Als Food-Fotografin hat sie Theresa bereits in den NDR-Filmen begleitet. Für dieses Buch hat Claudia Timmann unser Mittsommerfest in Hazelnut House fotografisch festgehalten.

SYLVIA DHARGYAL

Grafische Gestaltung

Geboren in Vorarlberg, lebt Sylvia Dhargyal heute mit ihrer Familie im voralbergischen Klaus. Nach ihrem Studium für Mediengestaltung und mehrjährigen Auslandsaufenthalten arbeitet sie seit vielen Jahren als freie Mitarbeiterin an schönen Hotelprojekten und gestaltet mit viel Herzblut kulinarische Bücher und Magazine.

WWW.CREATE-NOW.AT

CLARE MELINSKY

Illustrationen (Umschlag und Kapitelaufmacher)

Clare Melinsky zählt zu den renommiertesten Illustratorinnen Großbritanniens. Seit ihrem Abschluss an der Central School of Art in London lebt und arbeitet sie in ihrem Cottage im Südwesten Schottlands.

WWW.CLAREMELINSKY.CO.UK

JULIA VOIGTLÄNDER

Lektorat

Julia Voigtländer arbeitet als freie Lektorin, Redakteurin und Texterin unter anderem als Textchefin des Magazins FOODFORUM Spezial. Mit Mann, Tochter und Schrebergarten lebt sie in Köln.

WWW.JULIAVOIGTLAENDER.DE

KATHARINA RALSER

Illustrationen der Bastelideen

Die geborene Voralbergerin studierte in Wien und Paris Grafikdesign. Immer auf der Suche nach der idealen Form für den jeweiligen Inhalt experimentiert sie mit vielen Techniken.

WWW.KATHARINARALSER.AT

DANK!

Ohne meine geliebte Familie und ihre große Unterstützung würde es dieses wundervolle Buch nicht geben! Vielen Dank an meine Liebsten: meinen Mann Jean-Marc, die Kinder Maxim und Léonore Mathilde. Victoria, Lilly und Martha, euer Engagement bedeutet mir so viel. An meinen Vater Manfred – du bist für mich stets ein Fels in der Brandung. An meine Mutter und Co-Autorin Lucia – es beglückt mich so sehr, mit dir zusammenarbeiten zu können. Ebenfalls danke ich meiner badischen Oma: Du bäckst an Ostern die schönsten Lämmchen!

Dank an Stephanie und Michel für euren Einsatz in den frühen Morgenstunden für unseren Tanz in den Mai. Die Erinnerungen an den gemeinsamen Tag sind magisch.

An Nathalie für das Verleihen deiner Requisite. Dein Geschirr ist ein Traum!

Und tausend Dank dem besten Team! Aus Deutschland, Luxemburg, Österreich und Schottland habt ihr euch zusammengefunden, welch ein kreatives internationales Schaffen! Clare, was für ein Cover und welch zauberhafte Kapitelöffner! Isabella und Helena, vielen Dank für euren großartigen Einsatz in der Theresas-Küche-Redaktion! Claudia, du begleitest mich auf wundervolle Weise schon seit so vielen Jahren! Sylvia, du hast die Bilder und Texte aufs Schönste verbunden. Dank an Katharina für die Zeichnungen und an Julia für das Lektorat! Und an dich, liebe Stefanie, stellvertretend für das ganze wundervolle Brandstätter-Team.

VIELEN DANK DEN KOOPERATIONSPARTNERN

Leinenkleider: Hazelnut House
Glaskugeln für den Osterstrauß: Hazelnut House
Küchengeräte: Gaggenau
Strickjacke: L'Envers
Ring: Niessing
Ohrringe: Schwester Schwester
Tapete: Antoinette Poisson Paris